좋은 말투는
　　상대를 헤아리는
마음에서 나온다

좋은 말투는 상대를 헤아리는 마음에서 나온다

초판 1쇄 인쇄 2024년 4월 5일
1쇄 발행 2024년 4월 15일

지은이 김현정

펴낸이 우세웅
본문편집 김은지
기획편집 김휘연
표지디자인 김세경
본문디자인 이선영

종이 페이퍼프라이스㈜
인쇄 유성드림

펴낸곳 슬로디미디어
신고번호 제25100-2017-000035호
신고년월일 2017년 6월 13일
주소 경기도 고양시 덕양구 청초로66, 덕은리버워크 지식산업센터 A동 15층 18호

전화 02)493-7780
팩스 0303)3442-7780
전자우편 slody925@gmail.com(원고투고·사업제휴)
홈페이지 slodymedia.modoo.at
블로그 slodymedia.xyz
페이스북.인스타그램 slodymedia

ISBN 979-11-6785-186-4 (03190)

김현정 지음

좋은 말투는
상대를 헤아리는
마음에서 나온다

25년 언어전문가가 전하는
관계를 잇는 마음 대화법

슬로디미디어

관계를 바꾸는 말은 마음에서 나옵니다. 25년 언어 전문가 김현정 선생님은 이 책을 통해 마음에서 나오는 말의 힘을 이야기하고 있습니다. 25년의 경험, 방대한 자료 조사, 치열한 글쓰기의 현장을 지켜본 사람으로서 일독을 권합니다.

이상민책쓰기연구소 대표 이상민

이 책은 인격, 품격, 성격을 품고 있는 나의 말을 곰곰이 되돌아보게 합니다. 나의 격을 높이고, 관계를 맺게 하는 말은 상대의 마음을 헤아리는 것에서부터 시작한다는 메시지가 김현정 저자의 삶을 통해 전달됩니다. 따뜻하고 친절한 이 글은 저자를 참 많이 닮았습니다.

비상교육 코칭 솔루션실 총괄책임 최윤희

인간관계에서 말과 말투가 매우 중요하다는 저자의 생각에 절대적으로 동의합니다. 이 책은 다른 여타의 말투에 대한 책과는 달리, 구체적이고 논리적인 전개를 통해 말하는 법의 중요성을 이야기하고 있습니다. 다시 한번 저의 말투에 대해 생각해 보게 하는 책입니다.

예쁨주의쁨의원 범계점 대표원장 서지훈

한국어와 일본어 선생님인 저자에게 일본어를 배우고 있습니다. 강의 스킬도 놀랍지만 한 명 한 명 제자들과 마음으로 교감하며 의욕을 이끌어 내는 모습을 보면 감탄하지 않을 수가 없습니다. 독자들이 이 책으로 대화법을 향상시키는 것은 물론, 근본이 되는 내면의 성장을 이루어서 진정한 소통을 실천하기를 기대합니다.

SK넥실리스 생산본부장 전상현

이 책은 조직 내 성과와 소통, 인간관계에 대해 관심이 많은 저의 말투를 새삼 돌아보게 하였습니다. 인간관계와 말투는 깊은 상관관계가 있고, 그 선순환 구조의 시작점에 좋은 말투가 있다는 말에 공감합니다. 독자분들도 이 책을 통해 인간관계의 선순환 구조를 형성하시길 희망합니다.

LS엠트론 전자부품사업부장 송인덕

우리는 말이 중요하다는 것을 너무나 잘 알고 있습니다. 어릴 때부터 바르고 고운 말을 쓰라고 교육받기도 하지요. 그런데 왜 바르고 고운 말을 쓰는 사람이 드물고, 타인에게 말로 상처 주고 상처받는 일이 비일비재할까요? 저는 25년간 언어 전문가로서 강의를 해 오며 왜 말이 중요한지를 깨달았습니다. 말은 우리 인간관계의 핵심이 담겨 있습니다. 우리가 흔히 사용하는 '말 한마디로 천 냥 빚을 갚는다'라는 속담은 단순히 바르고 고운 말의 중요성만을 이야기하지 않습니다. 인간관계에서 '말'이 갖는 힘에 대해 이야기하는 것이지요. 인간관계를 매끄럽게 하고, 적군을 아군으로 만드는 말은 사실 상대를 배려하고 이해하는 마음에서 출발합니다. 또한, 상대를 조금이라도 배려하고 이해하기 위해 필요한 것은 상대에게 애정을 갖고, 넓은 마음을 갖는 것이지요. 그렇게 말은 나를 갈고 닦는 일이기도 합니다.

이 책은 이러한 인간관계에서 말이 가진 힘, 우리가 말에 대해 고민하고 공부해야 하는 이유와 기술에 대한 책입니다. 가족, 친구 관계, 회사 등 다양한 말의 현장을 통해 말의 중요성을 살피고, 좋은 말투를 겸비하기 위한 방법을 담았습니다. 또한, 우리가 존경하는 리더들의 말투를 분석해 실생활에서 사용할 수 있는 방법과 일상에서 유용하게 사용할 수 있는 사과, 감사, 칭찬, 조언하기 등의 기술, 상대를 긍정적이고 능동적으로 움직이게 하는 말투와 미래를 위한 말투를 담았습니다. 여러분의 상황에 맞게 읽고 실제로 사용해서 조금 더 성장하는 발판이 되었으면 하는 바람입니다.

우리는 매일 말의 현장에 살고 있습니다. 매일 회사 사람들과 이견을 조율하고, 의견을 관철하고, 위로가 필요한 친구를 격려하고, 칭찬받아 마땅한 사람에게 적절한 칭찬을 하며 일상적이지만 특별한 관계를 맺어갑니다. 사람들에게 좋은 친구로, 믿음직한 선후배로, 신뢰할 수 있는 동료로 남고 싶다면 이 책을 통해 자신을 갈고 닦으시길 바랍니다. 또한, 누군가에게 말투의 중요성에 대한 질문을 받는다면, 그 이유를 전해 줄 수 있기를 희망합니다. 좋은 말투의 기본은 상대를 헤아리는 가슴에서 시작한다는 사실을 잊지 마세요!

김현정

차
례

PART 1

말은 사람의
품격이다

관계를 만드는
기적의 대화법 1

관계를 만드는
기적의 대화법 2

PART 4

관계를 만드는
기적의 대화법 3

PART 5

관계를 만드는
기적의 대화법 4

PART
6

우리가 피해야 할
대화법

말은 사람의 품격이다

말에는 말하는 이의
인품이 담긴다

　말에는 말하는 이의 모든 것이 담긴다. 성격과 가치관, 살아온 행적이 담기며 인품과 인격을 짐작하게 한다. 또한, 말은 인간의 깊은 내면에서 만들어진다. 좋은 말투를 위해 가장 먼저 내면이 성장해야 할 이유이다. 내면의 충실함은 말의 충실함으로 드러나며, 말투를 바꾸고 싶다면 당신의 마음을 들여다보아야 한다.

　말투는 나의 이미지를 규정한다. 인간관계의 질을 결정하며 내 위치를 결정한다. 또한, 말투 하나가 완전히 다른 결과를 만들기도 한다. 원하는 것을 쉽게 얻게도 하고, 얻은 걸 잃게도 한다. 말투에 신경을 써야 하는 이유다. 말투 하나로 당신은 더 나은 사람이 될 수도 있고, 사람들과 더 즐거운 대화를 나눌 수도 있다. 말투를 바꾼다는 건 그저 말을 예쁘게 하는 게 아니다. 나의 마음을 바르게 하고, 사람과 관계를 맺는 방법을 익히는 것이다.

공자는 '교언영색 선의인(巧言令色 鮮矣仁)'이라며, 남에게 잘 보이려고 그럴듯하게 꾸며대서 하는 말과 행동을 하는 이 중에는 어진 이가 없다고 하였다. 또한, 말과 행동이 다른 이는 오직 겉모습만 화려하고 아름다우며 속은 진실함이 없으니, 이런 사람을 경계해야 한다고 하였다. 실제로 많은 사람이 말의 기술만을 배워 겉치레한 말만 하다가 실패하고는 한다. 말의 기술이 아니라 지혜와 깊이를 더해 내면을 다지는 훈련을 해야 한다. 내면을 채워 진짜로 말하고자 하는 바를 표현하라.

또한, 말은 가치관을 반영한다. 밝고 긍정적인 사람은 말의 톤이 밝다. 목소리와 말에서 삶의 태도가 여실히 드러난다. 평소 스스로에게 "할 수 있다." 등의 긍정의 말을 많이 하는가, "나는 못해."와 같은 부정의 말을 많이 하는가? 어떤 표현을 더 많이 하는지를 따져 보면 삶에 대한 당신의 태도와 가치관을 알 수 있다. 상대를 향한 혼잣말도 마찬가지이다. 비록 상대가 듣지 못한다고 하더라도 내뱉은 부정적인 말을 내가 듣게 된다. 상대를 대하는 나의 마음을 그대로 반영하게 된다.

한국 노랫말 연구회는 100명의 가수를 대상으로 '가수의 삶과 히트곡의 상관관계'에 대해 조사해, 91명의 가수가 자신의 히트곡과 같은 운명이 맞이했다는 흥미로운 결과를 얻었다. 요절한 가수는 너나

없이 죽음과 연관된 노래를 불렀고, 행복하게 오래 산 가수는 즐거운 노래를 부른 것이다. 구체적으로, 가수 윤심덕은 〈사의 찬미〉를 부르고 자살로 생을 마감했으며, "나는 간다. 너를 두고 간다."라는 노랫말을 열창한 가수 김정호는 20대 중반에 암으로 요절했다. 〈서른 즈음에〉를 불렀던 가수 김광석은 서른 즈음에 세상을 떠났고, 우울한 노래를 주로 불렀던 가수 유재하는 교통사고로 세상을 떠났다. 또한, "여기도 짜가, 저기도 짜가. 짜가가 판을 친다."라는 노랫말의 〈세상은 요지경〉을 부른 가수 신신애는 사기로 많은 것을 잃었다. 그래서 가수들 사이에서는 밝고 힘찬 노래를 불러야 좋은 삶을 살 수 있다는 속설이 있다고 한다.

말의 힘을 깨닫게 해 주는 일화가 있다. 2007년 젊은 과학자 상을 수상한 고등과학원의 김인강 교수는 폭력적인 아버지 밑에서 자랐다. 게다가 소아마비를 앓아 늘 어머니의 등에 업혀 다녔고, 학교는 중증의 장애인인 그를 받아 주지 않았다. 그러나 다행히 재활원에서 좋은 선생님을 만나 학업을 이었고, 선생님의 격려에 포기하지 않고 미국 버클리 대학을 졸업해 수학자로서 세계적인 권위를 인정받았다. 그는 이를 "모두 재활원 선생님의 따뜻한 격려의 말 덕분이다."라고 말했다.

대화는 쌍방향이다. 핑퐁 게임처럼 주고받는 것이다. 간혹 말의 주도권을 쥐어 자신의 정체성을 드러내려 하는 사람이 있다. 말로써 힘을 과시하고 심리적 서열을 높이기 위함이다. 이들은 비난하고 비평하는 말을 자주 사용하는데, 조언과 위로조차 결국 자신의 업적을 드러내는 말을 사용하고는 한다. 잘못된 말 습관이다. 그러나 경청을 통해 상대와 깊은 대화를 하는 사람은 상대의 말을 이해하고자 노력하며, 자신이 무조건적으로 옳지 않다는 걸 인정하고, 상대에게서 배우고자 하는 마음을 갖는다. 절대로 사람을 잃지 않는다. 그렇다면 좋은 말투에는 무엇이 있을까?

첫째, **남을 배려하는 말투다.** 배려의 사전적 의미는 '상대를 도와주거나 보살펴 주려고 하는 마음'이다. 일반적으로 공감하는 말투가 쓰인다.

대화 예시

A: *무슨 일 있어? 표정이 너무 안 좋아.*

B: *응. 시험을 너무 못 봐서 많이 속상하네.*

A: *그랬구나. 어려웠어?*

B: *응. 생각하지 못했던 문제가 많았어.*

A: *기분도 꿀꿀한데 아이스크림 먹을까? 아이스크림 먹으면 기분도 한결 나아질 거야.*

B: *좋아. 그러자. 어떤 맛으로 먹을래?*

둘째, **상대를 인정하는 말투다.** 상대를 있는 그대로 인정하는 마음과 상대에 대한 고마움에서 나오는 말투다.

김 과장: *박 대리, 이번 프로젝트 정말 잘했어요.*

박 대리: *야, 마음에 드셨습니까?*

김 과장: *마음에 들다마다요. 참신한 기획안이라 내가 다 뿌듯했어요.*

박 대리: *감사합니다. 한 달 꼬박 걸려 만든 기획안이었거든요.*

그렇게 말씀해 주시니 기쁩니다.

김 과장: *애썼어요. 정말 수고했어요.*

박 대리: *고맙습니다. 앞으로도 더 열심히 하겠습니다.*

반면, 내면이 얕아 상대와 대화를 이어 나가지 못하는 사람의 말투는 다음과 같은 특징이 있다.

- 말이 많고 장황하다.
- 말에 여유가 없다.
- 말에 믿음이 가지 않는다.
- 말에 욕설과 비속어가 섞여 있다.
- 말에 줄임말이 과하게 많다.
- 톡톡 쏘듯 말한다.
- 툭툭 던지듯 말한다.

내면이 단단한 사람은 마음에 여유가 있어 상대의 말을 끝까지 경청하며, 함부로 상대가 말할 때 끼어들지 않는다. 조급해하거나 야박하게 굴지 않는다. 그러나 내면이 얕은 사람은 모두 이와 반대의 행동을 보인다.

말에는 강한 힘이 있다. 실제로 한 사람의 말이 성숙해 가는 과정을 들여다보면 삶이 성숙해 가는 과정과 일맥상통한다. 그러므로 말을 잘하고 싶다면, 나의 내면을 이해하는 충분한 시간과 절차탁마의 과정이 필요하다. 말속에 관계의 핵심이 있고, 더 나은 삶을 위해 기꺼이 노력하는 내 모습이 반영된다는 사실을 염두에 두자. 인간관계를 잘 맺고 싶다면 말투부터 점검해 보아야 한다.

기품 있는 말은
연습으로 만들어진다

　말 습관은 생활 습관이자, 혀에 붙어 있는 습관이다. 공부를 잘하려면 규칙적이고 바른 공부 습관을 들여야 하듯이, 말을 잘하려면 좋은 말투를 겸비하기 위한 생활 습관을 들여야 한다. 특히, 평상시에 사용하는 말투에 인격이 드러나므로 의식적으로 노력해야 한다.

　논어 제17편 〈양화〉 편에는 '성상근야(性相近也)이나 습상원야(習相遠也)'라고 하여, 인간의 타고난 본성은 비슷하지만 습관에 따라 사람의 차이가 만들어진다고 했다. 천성보다 후천적 교육과 수양이 훨씬 중요하다는 말이다. 공자는 제자 사마우에게 '인(仁)이라는 높은 도덕적 가치를 추구하기 위해서는 경솔하게 말하는 것부터 고치라'고 했으며, 영국의 작가 새뮤얼 스마일즈는 '습관은 나무껍질에 새겨진 글자와 같아서 그 나무가 자람에 따라 점점 커진다'라고 했다. 즉,

습관은 인간의 본성을 변화시키므로, 말투도 좋은 습관을 들여 좋은 말투를 장착해야 할 것이다.

말 습관을 점검하기 위해 가장 먼저 할 일은 자신의 마음을 들여다보는 일이다. 마음에서 말이 나오기 때문이다. 무심코 던진 말이라도 입 밖으로 나오면 영향력이 생긴다. 선생님께 들은 말 한마디로 학생은 진로를 결정하며, 부모에게 들은 상처가 되는 말 한마디로 자녀는 성인이 되어서도 눈물을 흘린다. 지금까지와는 다른 말 습관을 지니고 싶다면 말에만 집중하는 게 아니라, 말의 이면에 있는 나를 바라보아야 한다. 말의 근원지는 내면이다. 내면이 단단해야 습관적으로 하는 부정적인 말을 개선할 수 있으며, 주도적으로 말할 수 있다.

미국의 심리학자 알버트 반두라는 '우리는 많은 것을 모방함으로써 학습한다'라고 했다. 직접 해 보는 것뿐 아니라, 보고 관찰하는 것만으로도 정보를 획득할 수 있다는 뜻이다. 말도 마찬가지이다. 자주 들은 말이 무의식중에 툭 튀어나오는 법이다. 특히, 성인이 되기 전까지의 말 습관은 부모에게서 비롯한다. 듣고 배워 체득했기 때문이다. 그러나 성인이 되고 나서는 조금 더 다양한 사람들의 영향을 받는다. 함께 오랜 시간 일한 직장 상사의 말투를 닮은 사람을 예로 들 수 있다. 다음은 평소 나의 말 습관을 살펴볼 수 있는 질문이다. 어떤 영향을 받아 지금을 말 습관을 갖게 되었는지 생각해 보자.

2006년 듀크 대학교 연구진이 발표한 논문에 따르면 '매일 하는 행동의 40%는 습관에 의해 하게 되는 것'이라고 한다. 오늘 내가 한 말도 어떤 의도가 있어서라기보다 습관에 의해서일 가능성이 높다. 그렇다면 우리가 습관화해야 할 말투와 버려야 할 말투에는 무엇이 있을까?

습관화해야 할 말투의 첫 번째는 **포용적인 말의 사용**이다. 논어의 〈위정〉편에는 '군자주이불비(君子周而不比) 소인비이부주(小人比而不周)'라고 하여, '군자는 관점이 넓어 패거리를 만들지 않고, 소인은 생각이 편협하여 패거리를 만든다'라고 하였다. 포용력 있는 사람일수록 서로의 차이를 받아들이고 수용하는 말을 하며, 갈등을 극복하고 대화를 지속할 수 있는 방법을 찾는 깊이 있는 말을 구사한다. 만약, 상대를 받아들이지 못하는 날 선 말을 자꾸 내뱉는다면 이는 마음 어딘가가 불편해서다. 어느 부분이 불편한지를 찾아 그 부분을 해소하는 말로 바꾸자. 그리고 의도적으로 마음을 넓게 가지자. 그러면 포용력 있는 말이 저절로 나온다.

포용력 있는 말투의 예

· 충분히 그럴 수 있어.
· 괴로워할 필요 없어. 그 정도면 최선을 다한 거야.
· 나 같아도 그랬을 거야.
· 그 마음 나도 알아.
· 나도 그런 적이 있어.

상대에게서 포용력 있는 말을 들으면 스스로가 썩 괜찮은 사람으로 느껴진다. '다들 이렇게 고민하며 사는구나.' '다들 나와 같은 실수를 하며 사는구나.' 하며 안심하고 용기를 얻으며, 시련을 극복한다.

습관화해야 할 말투의 두 번째는 **응원하는 말의 사용**이다. EBS 프로그램 〈부모〉에 출연한 임영주 박사는 저서 《하루 5분 엄마의 말 습관》에서 '엄마의 말이 아이의 길을 만든다'라고 했다. 아이는 엄마가 말한 대로 자신의 모습을 정한다며, "너 때문에 엄마가 창피하다.", "넌 알 필요 없어."와 같은 말을 듣고 자란 아이는 무기력한 존재가 된다고 했다. 이임숙 부모 상담 전문가는 그간 부모 상담을 진행해 오며 '아이에게 꼭 해야 하는 다섯 가지 말'을 전했다. 아이의 마음을 직접 어루만져 주는 말이자, 행동을 바꿀 수 있는 말이며, 아이뿐 아니라 우리에게도 해당하는 말일 것이다.

아이에게 꼭 해야 하는 다섯 가지 말

힘들었겠다.	마음을 인정받을 수 있다.
이유가 있었구나.	다음에는 더 나은 선택을 하게 된다.
좋은 뜻이 있었네.	긍정성을 갖게 된다.
훌륭하다.	장점이 강화한다.
너는 이걸 어떻게 하고 싶니?	문제 해결 능력이 함양된다.

자폐증 아들이 화가로 성장하기까지의 과정을 담은 신영춘 작가의 《행복한 서번트, 캘빈 이야기》에는, 아들이 화가가 될 때까지 매일 해 준 작가의 말이 담겨 있다. 바로 "원더풀! 최고! 뷰티풀!"라는 세 마디였다. 이런 저자의 긍정적 확언으로 자폐증을 앓고 있는 아들은 당당히 사회의 구성원으로 인생의 주인공이 되었다. 저자의 확언처럼 상대와 자신 모두를 성장시키는 말이 있다. 상대의 눈을 보며 다음과 같이 말하라.

대화 예시

박 팀장: *와! 이 대리. 이렇게 어려운 일을 해내다니.*

이 대리: *아닙니다. 그냥 제 일을 한 것뿐입니다.*

박 팀장: *정말 멋진데. 이 대리는 우리 회사에서 정말 귀한 존재야.*

이 대리: *과찬의 말씀이세요.*

박 팀장: *이 대리가 열심히 하니 나도 분발해야겠어. 앞으로도 잘 부탁해.*

이 대리: *네! 열심히 하겠습니다.*

인간은 사랑하는 것을 닮고 싶어 한다. 상대를 모방하는 것은 그만큼 상대에게 호감이 있기 때문이다. 일단, 매일 나부터 긍정의 에너지로 가득한 삶을 살아 보라. 주변인 모두 당신을 따라 긍정적인 삶을 살 것이다. 좋은 말을 자주 하자. 많은 사람과 행복한 관계를 맺을 수 있다.

습관화해야 할 말투의 세 번째는 **확신 있고 긍정적인 말을 하는 것**이다. 우리의 뇌는 '망상 활성계(RAS, 뇌간 내에 복잡한 그물망으로 되어 있으며, 감각 정보가 유입되면 대뇌를 각성시킨다)'의 작용으로 애초에 원하는 바를 이룰 수 있도록 설계되어 있다. 망상 활성계는 후각을 제외한 감각을 초당 4억 비트 이상으로 처리해서 가장 중요한 정보만을 받아들이는데, 이는 우리가 원하는 바나 목표를 명확하게 할수록 그에 맞는 정보를 받아들일 수 있다는 것을 의미한다. 강하게 원하는 것들이 눈에 더 잘 띄는 과학적 이유이다. 예를 들어, 목표를 써서 계속 눈에 띄게 하면 뇌를 200% 이상 활용할 수 있다. 《E2》의 작가 팸 그라우트는 독자들에게 '노랑나비를 찾고 싶다. 노랑나비를 원한다.'라는 메시지를 띄워 미국 전역에서 노랑나비를 찾았다는 연락을 받았다. 독자들에게 '노랑나비'라는 특정 정보를 노출했기 때문이다.

결국, 우리는 듣고 싶은 것만 듣고, 보고 싶은 것만 본다. '인생이 허무하다'라고 믿으면 뇌의 망상 활성계에는 삶을 무의미하게만 만드는 정보들만 들어오고, '내 인생은 잘 풀린다'라고 믿으면 정말로 인생이 잘 풀리게 할 정보들만 들어오는 법이다. 즉, 삶의 방향은 내가 정하는 것이다. 신념과 목표를 정하고 긍정적으로 생각하자. 긍정적인 신호들이 입력되고, 말투 또한 변화할 것이다.

버려야 할 말 습관은 말을 **무심코 던지는 것**이다. 심리 상담가 토니 험프리스는 자신의 저서 《심리학으로 경영하라》에서 '자신의 내면을 들여다보고 자신의 마음을 경영할 수 있어야 한다'라고 주장하며, "누구나 상처를 피하기 위해 심리적인 방어막을 칩니다. 하지만 자신을 알아가면서 진정한 나를 만나기 시작하면 나 자신과의 관계도 좋아지는 한편, 다른 사람과도 좋은 관계를 만들어갈 수 있습니다."라고 말했다. 실제로 무심코 던진 말 한마디로 상대를 분노하게 만드는 사람이 있다. 몸에 밴 나쁜 습관이 상대에게 불쾌감을 줄 수 있다는 사실을 염두에 두자. 이는 나의 이미지까지 깎아내리는 일이다.

말을 무심코 던지는 사람들의 변명

- 저는 그런 의도로 한 말이 아닌데, 말솜씨가 없어서인지 사람들을 화나게 만들어요.
- 저는 너무 솔직해서 탈이에요.
- 저는 상대의 부족한 점을 지적하고 넘어가야 해요.
- 저는 화가 나면 험한 말을 하고, 진정이 되면 무슨 말을 했는지조차 기억을 못해요.

주변에 혹시 이런 고민을 털어놓는 사람이 있는가? 아니면 내가 이런 말을 하고 자주 후회하는 사람인가? 이런 변명을 하는 사람은 대화의 기본을 모르는 사람이다. 모두 자신을 변호하기 위한 핑계에 불과하다. 자신에게 관대한 사람은 자신의 미숙한 태도를 이해해 달라는 의미로 타인에게 많은 것을 요구하기 마련이다. 무책임한 언행은 타인과 멀어지게 하는 요인이란 걸 잊지 말자.

말은 인간관계에 있어 선순환 구조를 형성할 수 있어야 하며, 그 핵심은 말의 시작점이다. 좋은 말투를 사용함으로써 긍정적인 인간관계로 좋은 결과를 맺게 하라. 말투가 변화하면 행동이 변화하고, 행동이 변화하면 사람과의 관계가 달라진다. 하는 일이 잘 풀리고, 좋은 사람이 된다. 좋은 말 습관을 익혀야 할 이유다.

리더에게는
리더의 말투가 있다

리더의 말에는 힘이 있다. 조직의 흥망성쇠가 달려 있기 때문이다. 장자의 〈제물론〉에는 '대언 담담(大言淡淡)'이라 하여, 큰 말은 차분하고 평온하다고 하였다. 성공한 사람의 깊은 지혜가 들어 있는 말은 명료하고 간결하다. 어려운 말도 쉽게 한다. 어려운 내용을 어렵게 설명하는 교사와 어려운 내용을 쉽게 설명하는 교사를 떠올려 보면 이해가 쉬울 것이다.

리더는 사회적으로 영향력 있는 위치에 있는 사람이다. 그만큼 책임도 막중하다. 그런데 막말과 폭언으로 뉴스에 종종 오르내리는 사람이 있다. 그들은 그간 쌓아온 명성과 지위를 말로 인해 잃는다. 즉, 말로 망한다. 이처럼 말은 자기표현의 수단인 동시에 흥망의 열쇠이기도 하다. 또한, 같은 말을 어떻게 표현하고, 어떻게 사용하느냐에 따라 의미가 달라질 수 있으므로 리더는 말을 세심히 사용할 줄 알아야 한다. 실제로 컬럼비아 대학에서 '직업적으로 성공한 사람의 성공 비결'에 관한 설문조사를 시행한 결과, 성공한 사람의 85%가 사람을 다루는 기술이 뛰어났으며, 실직한 사람의 95% 이상이 인간관계를 맺는 능력이 부족한 걸로 나타났다. 뛰어난 전문 지식을 갖추는 것보다 원만한 인간관계와 공감 능력을 갖추는 게 성공으로 가기 위한 지름길인 셈이다. 지금의 리더는 현장에서 일하는 능력 못지않게 대인관계의 능력이 필수이다.

《관점을 디자인하라》의 저자 박용후 대표에 의하면 망하는 사람과 망하는 기업에는 공통점이 있다고 한다. 바로 교만과 건방짐이다. 이들은 상대를 무시하는 말투를 주로 사용하며, 그만큼 적이 많고, 주변에 사람이 없다. 이런 리더는 문제가 발생했을 때, 정확한 판단을 하지 못하는 경향이 있다. 아무도 곁에서 진심을 다해 조언하지 않기 때문이다. 주변에 적들만 남아 있는 리더는 도태하기 마련이고, 이런 리더가 이끄는 기업은 망하기 마련이다. 그렇다면 성공한 리더는 어떤 말투를 사용할까? 성공한 리더의 유명한 일화를 예로 들어 그들의 삶과 말투를 엿보자.

긍정과 자신감 있는 말투를 사용한 정주영 회장

정주영 회장에게는 하나의 꿈이 있었다. 바로 세계 최고의 조선소를 설립하는 것이었다. 사람들은 미친 짓이라고 했지만, 그는 포기하지 않고 영국의 버클리 은행장을 찾아가 "세계 최초의 철갑선을 만든 나라가 바로 대한민국입니다."라고 당당히 이야기했다. 그러자 은행장은 정주영 회장이 만들 배를 사겠다는 사람이 있으면 돈을 빌려 주겠다고 했다. 이후 그는 세계적인 선박왕이라 불리는 선엔터프라이즈의 조지 리바노스를 찾아가 "당신에게 현대가 만든 첫 배를 바칠 수 있는 영광을 주십시오."라고 배짱 있게 말했고, 정주영 회장의 재치 있는 말솜씨와 자신감 있는 말투에 리바노스는 발주를 승낙했다.

이렇게 정주영 회장은 열정과 긍정적인 마인드, 자신감 있는 말투로 세계 최고의 조선소를 설립하는 꿈을 이루었다. 즉, 자신감 있는 말투는 상대에게 신뢰감을 주고, 신뢰감은 상대를 호의적으로 만들며, 상대의 호의는 성공을 불러온다. 자신감에 차 있는 사람은 항상 긍정적으로 생각하기 때문에 긍정적인 언어를 사용한다. 또한 이러한 리더의 자신감은 사원들에게도 할 수 있다는 자신감을 심어 주어 긍정적인 방향으로 이끈다.

부드럽고 강인한 말투를 사용한 넬슨 만델라

남아프리카공화국 최초의 흑인 대통령이자, 백인 정부의 인종 격리 정책을 종식시킨 넬슨 만델라는 "화해는 과거의 정의롭지 못했던 유산을 고치기 위해 함께 노력하는 것을 의미한다."라는 명언을 남기며, 핍박과 고난을 이겨내고 백인을 용서했다. 또한, 화합을 위한 최고의 무기는 '함께 앉아 이야기를 나누는 것'이라 하며 대화의 중요성을 강조했다. 용서와 관대함을 일깨워 준 리더임을 알 수 있는 말이다.

넬슨 만델라가 사용하는 말투의 특징은 '유능제강(柔能制剛)'이다. "가장 위대한 무기는 평화입니다. 착한 머리와 착한 가슴은 언제나 붙어 다닙니다. 강철 같은 의지와 필요한 기술만 있다면, 세상의 불행도 자기의 승리로 탈바꿈시킬 수 있습니다."라고 말해 부드러움이 강함을 이긴다는 것을 보여 주었다. 차별을 개선하고자 열변을 토하는 것만이 강직함이 아니다. 그는 부드러운 말투로 강인한 힘을 보여 주었고, 나그네의 외투를 벗긴 건 바람이 아닌 따뜻한 햇살임을 일깨워 주었다.

소탈하고 깊이 있는 말투를 사용한 프란치스코 교황

프란치스코 교황은 '거리의 사제', '빈자의 대변인'으로 일컬어진다. 울타리를 허물고 대중에게 다가간 성직자, 타인에게 개방적인 태도를 지닌 성직자이기도 하다. 언론의 여러 인터뷰를 보면 이런 프란치스코 교황의 태도를 알 수 있다. 한 기자가 이혼과 낙태에 대해 묻자, 프란치스코 교황은 "교회의 공식 입장은 변하지 않았지만, 그들의 상처를 치유하고 위로하는 것이 오늘날 교회의 역할입니다."라고 대답했다. 또한, 한 무신론자와의 통화에서는 "신의 자비에는 한계가 없습니다. 신을 믿지 않는 사람도 자신의 양심을 따르면 됩니다."라며 상대를 포용했다.

프란치스코 교황의 어조는 자장가처럼 부드럽지만, 의지는 단호하다. 신앙의 기본을 강론할 때는 격식에 얽매이지 않으며, 추상적인 어휘를 나열하지도 않는다. 누구나 쉽게 이해할 수 있는 말로 교리를 이야기할 뿐이다. 그는 이분법적 시각에서 벗어나 있다. 좋은 것과 나쁜 것, 선과 악처럼 모든 것을 이분법으로 구별하지 않는다. 치우침이 없으며, 상대를 존중하고 포용한다. 그렇다면 리더의 일화를 통해 우리가 알 수 있는 리더의 말에는 어떤 특징이 있을까?

첫째, **상대를 존중하는 말을 사용한다.** 그들은 아랫사람에게 일방적 지시나 무조건적인 독려 혹은 명령으로 채찍질하지 않는다. "이렇게 하면 어떨까?" 하는 청유형 어미를 적절히 활용하여, 먼저 발을 내딛고 함께 가자고 말한다. 성공한 리더는 구성원 간 화합의 중요성을 정확히 알고 있는 존재다. 그래서 독재자로 군림하지 않으며, 동반자의 입장을 취한다. 물론, 어떤 리더는 말을 권력으로 여겨 사람을 통제하고 싶어 하는 유혹에 빠진다. 가르치고 바꾸려 하며, 조정하려고 한다. 이들은 고민이 있는 후배를 격려하기보다 잘못을 다그치며, 용기를 주기보다 지적을 해댄다. 누구도 그의 곁에 남지 않을 것이다.

인간관계는 통제의 언어로는 지속할 수 없다. '자기 보존본능'이라는 심리학 용어가 있다. 자신의 고유성을 확인하고 지키려는 욕구이다. 자신을 억지로 변화시키려 들거나 강요하는 상대와는 거리를 두게 되는 본능이다. 공감하고 존중하는 말투가 없는 리더의 곁에 사람이 없는 이유다.

둘째, **열린 마음으로 편안하게 말한다.** 중국의 고서 《통감절요》에는 '해납백천(海納百川) 유용내대(有容乃大)'라는 글귀가 있다. 바다는 강물을 강물을 받아들임으로써 더욱 커진다는 뜻이다. 바다는 주변의 강물과 하천의 물이 모이는 곳이다. 모든 물을 끌어당겨 품는다. 그리고 리더는 바다와 같이 여유 있고 심도 있는 사고로 모두를 품는다. 모든 문제에는 해결 방안이 있다고 믿으며 일의 시비를 일일이 따지지 않고, 감정 기복이 심하지 않다. 그래서 사람들에게 포용력 있고 부드럽다는 평판을 듣는다.

셋째, **한쪽으로 치우쳐 말하지 않는다.** 논어의 〈위정〉 편에는 '군자 주이불비(君子周而不比)'라 하여, 군자는 많은 사람과 지내며 무리를 짓지 않고, 소인은 무리를 지어 타인과 조화를 이루지 못한다고 말했다. 어느 한쪽으로 치우지지 않음은 군자의 덕목이다. 마음에 들지 않는다고 해서 자신의 권위를 이용하여 상대를 심리적으로 억압하는 사람은 진정한 리더가 아니다. 이들은 '누구는 잘났고, 누구는 못났다'라고 나누어 말하지 않는다. 마치 프란치스코 교황처럼 모두를 인정하고 균형적으로 바라본다. 즉, 편견이 없는 말투를 사용한다.

이처럼 성공한 리더는 늘 긍정적으로 만사를 즐기고, 성별이나 연령, 처한 상황에 관계없이 타인과 동등하게 이야기한다. 이들의 말 습관을 통해 삶의 태도를 엿보고, 좋은 대인관계 능력을 갖추고 성공의 길을 걸어라.

설득력 있는 말투가
사람을 움직인다

　말을 잘하는 사람들을 살펴보면 상대에 따라 대화법을 달리하는 것을 볼 수 있다. 그래서 설득에 능하다. 설득의 사전적 의미는 '상대편이 이쪽 편의 뜻을 따르도록 깨우쳐 말함'이다.

　설득을 위한 가장 효과적인 방법은, 상대에게 관심 갖고 이해하며, 내 의견을 강요하지 않는 것이다. 상대가 강요받는 느낌을 받는다면 잘못된 설득이다. 올바른 설득은 상대가 강요받았다는 느낌보다 '스스로 올바른 선택을 했다'라는 느낌이 들게 한다. 즉, 설득은 대화를 통해 상대의 행동에 영향을 미치는 일이며, 타인의 생각을 바꾸는 일이므로 상대에 대한 이해보다 고차원적이다.

　광고를 보자. 일단 화려한 영상과 강렬한 문구로 대중의 이목을 끈 뒤 판매할 제품의 정보를 이해시킨다. 설득의 과정이다. 그리고 여러 번 반복해 제품을 기억하게 하고, 제품의 구매를 이끈다. 바로 설득의 결실이다. 또한, 미국의 사회심리학자 맥과이어는 듣는 이의 과거의 경험이 설득의 중요한 역할을 한다는 사실을 밝혀냈다. 이른바 '면역 효과' 또는 '예방 효과'라고 하여, 사전에 설득 메시지에 반대되는 정보에 노출된 경험이 있으면 쉽게 설득되지 않는다는 이론이다. 예방 주사를 맞아 항체가 있으면 강한 바이러스가 와도 이겨낸다는 것과 같은 이치이다. 즉, 다양한 심리적 요인이 작용하며, 설득은 생각을 조종하는 것과 관련이 있어 이를 불쾌하게 여기는 사람도 있다.

상대를 제대로 설득하려면 감동시켜야 한다. 당신이 전하고자 하는 말의 관점과 감정을 깨닫고, 감동까지 하게 된다면 둘의 관계는 이전보다 훨씬 가까워질 것이다. 친근함이 생기면 말에 힘이 생기며, 대화 내용의 실현 가능성이 높아진다. 그렇다면 설득을 잘하는 사람의 말투에는 어떤 특징이 있을까?

첫째, **성의와 열의가 있는 말투를 사용한다.** 아무리 능수능란하고 이치에 들어맞는 말이라도 성의와 열의가 없으면 환영받지 못한다. 사람들은 주어진 문제에 대한 성실한 태도와 노력을 보았을 때 감동하는 법이다. 정성을 들여 상대를 이해하려는 모습을 보여 주자. 그래야 상대도 당신에게 관심을 갖고, 당신의 이야기에 귀 기울일 것이다. 또한 진지함과 열의가 있으면 말이 조금 서툰 결점이 보완되기도 한다. 예전에는 명령을 통한 강제와 복종이 의사 결정의 모든 것이었을지 몰라도, 지금은 그렇지 않다. 상대에게 설명하고 납득시키는 말투가 좋은 인간관계를 유지하게 한다.

대화 예시 1. 명령하는 말투

이 팀장: *정 대리. 위원회에 제출할 보고서를 빨리 좀 작성해 주게.*

정 대리: *제가 지금 업무가 많이 남아 있어서요.*

이 팀장: *지금 완전 급한데. 얼른 이거부터 하지?*

정 대리: *지금 작성하는 보고서를 이사님께 5시까지 보내기로 해서요. 이 보고서가 더 급합니다. 죄송합니다.*

이 팀장: *이거 중요한 거래도. 거래가 끊어지면 어떻게 할 거야? 이것부터 해.*

정 대리: *아, 예.*

대화 예시 2. 설득하는 말투

이 팀장: *정 대리. 오후 5시에 있을 위원회에 보고서가 필요해. 중요한 보고서라서 정 대리가 작성해야 할 것 같아. 정 대리라면 믿을 수 있어서.*

정 대리: *몹시 급한 보고서인 모양이네요?*

이 팀장: *응. 회사 구매 건인데. 정 대리가 도와줄 수 있을까? 3시간 정도 시간이 있으니 해 주겠나? 정 대리라면 우리 회사에서 이 분야에서는 최고이지 않은가. 믿고 맡기고 싶어서.*

정 대리: *시간 안에 끝낼 수 있도록 한번 해 볼게요.*

둘째, **알아듣기 쉽게 이야기한다.** 결국 설득은 상대를 이해시키고 납득시켜 만족하게 하는 작업이다. 이중 가장 먼저 이루어져야 하는 작업은 '상대를 이해시키는 일'이다. 그러므로 쉽게 이야기해야 한다. 정확한 발음으로 명쾌하게 말하고, 어려운 한자어나 낯선 외국어를 사용하지 않도록 주의하자. 도형이나 그래프 등의 시각 정보를 활용하는 것도 좋다. 그리고 일을 시킬 때는 한 번에 두 가지 이상의 일을 지시하지 않도록 하자.

셋째, **비교 검토에 의한 입증을 근거로 사용한다.** 설득을 잘하는 사람은 여러 의견과 자신이 주장하는 의견을 비교 검토하는 방법을 사용한다. 혼자 결정 내리지 않는다. 결과에 대해 불만이 남기 때문이다. 단, 내 의견을 채택하는 것이 상대에게 이익이 된다는 점을 강조한다. 이익을 구체적으로 나타낼 수 있을 경우에는 수량화해 보여 주며, 구체적으로 나타낼 수 없는 경우에는 어떻게 이익이 창출되는지를 쉽게 설명한다. 무엇이든 실제로 입증해 보일 수 있으면 강한 설득력을 갖는다. 인간은 누구나 자기 이익을 추구하며, 이익에 관련되지 않은 일에는 설득당하지 않는다. 또한 훗날의 이익보다는 가까운 날의 현실적인 이익에 더 관심을 가지므로 가까운 날에 돌아올 이익을 강조하는 말을 할수록 효과적이다.

대화 예시 1. 구체성이 드러나지 않은 말투

박 부장: *자네의 의견은 상당히 좋은데, 여러 가지 면에서 어려운 점이 있는 것 같군.*

김 과장: *아, 어려운 점이 많은가요? 가능할 것 같은데요.*

박 부장: *전체와 관련해 다시 한번 잘 생각해 보게.*

김 과장: *한번만 더 잘 살펴봐 주십시오.*

박 부장: *그 나름대로 상당히 좋기는 하지만 밖에 더 중요한 일이 있다고 생각되어서.*

대화 예시 2. 구체성이 드러난 말투

박 부장: *자네의 의견은 상당히 좋은데, 여러 가지 면에서 어려운 점이 있는 것 같군.*

김 과장: *부장님, 회사 전체의 성과를 올린다는 점도 충분히 고려해서 작성하였습니다. 타당성이 있는지 검토해 주십시오.*

박 부장: *성과를 올리는 점을 충분히 고려했다고?*

김 과장: *현재 우리 회사 상황에서는 이렇게 하는 것이 가장 베스트라고 생각됩니다. 보시고 부장님의 의견을 듣고 싶습니다.*

박 부장: *김 과장의 말을 들으니 안 볼 수가 없네.*

김 과장: *제가 드린 이 보고서보다 더 중요한 일이 있다면 그것을 확실히 지시해 주십시오. 거기에 따라 저도 다시 생각해 보겠습니다.*

박 부장: *그러세. 한번 더 차분히 검토해 보지.*

넷째, **상대의 자존심을 지켜 주는 말투를 사용한다.** 모든 사람은 자존심이 있으며, 어떤 사람은 자존심을 세우느라 다른 의견을 받아들이지 않고 자기 의견만 고집하기도 한다. 그러므로 설득을 잘하는 사람은 절대로 상대의 자존심을 상하게 하지 않고, 체면을 세워 주는 말투를 사용하며 설득해 나간다. 설득을 잘하는 세심한 상사는 부하 직원들의 성격을 일일이 파악해 두기도 한다.

대화 예시. 자존심을 세워 주는 말투

정 팀장: *이번 A 프로젝트와 B 프로젝트 중에서 안 대리는 어떤 프로젝트에 더 실효성이 있다고 생각하나?*

안 대리: *저는 두 프로젝트 모두 제 업무 분야가 아니어서 잘 모르겠*

습니다.

정 팀장: *아, 그랬던가? 안 대리가 A 프로젝트를 제일 잘 해낼 것 같아서 말이야. 안 대리가 이 부분은 최고이지 않은가.*

안 대리: *그 정도는 아닙니다.*

정 팀장: *한번 봐 주면 어때? 안 대리가 도와주면 정말 도움이 많이 될 것 같은데.*

안 대리: *네, 한번 살펴보겠습니다.*

우리는 끊임없이 설득하거나 설득당하는 상황에 놓인다. 어릴 때는 부모님께 용돈을 타기 위해 적절한 이유와 설명을 해 왔을 것이고, 성인이 되어서는 내 의견을 관철하기 위해 많은 사람과 논쟁을 해 왔을 것이다. 즉, 우리는 설득과 선택의 환경에서 벗어날 수 없다. 그러므로 인간관계를 유지하기 위해서는 설득하는 대화를 편안하게 받아들이는 것이 절대적이다. 상대의 기분을 상하게 하지 않으면서, 행동의 변화를 이끌어 내도록 하자.

말투를
공부해야하는이유

말투는 인간관계를 결정짓는다. 말의 내용과 형식이 잘 갖추어져 있다고 해도 말투가 좋지 않으면 관계가 나빠진다. 또한, 말투 하나만 가다듬어도 대화의 분위기가 달라지며, 좋은 말투는 말문을 트이게 한다. 예를 들어, 좋은 말투를 사용하는 사람을 만나면 기분이 좋고, 냉정한 말투를 사용하는 사람을 만나면 왠지 기분이 나빠진다. 그렇다면 당신을 일상에서 어떤 말투를 사용하는가? 그리고 일상에서 대화만으로 기분 좋게 만드는 사람은 구체적으로 어떤 말투를 사용하는가?

《운을 부르는 부자의 말투》의 저자 미야모토 마유미와 수많은 부자를 관찰해《부자들이 죽어도 지키는 사소한 습관》을 쓴 스가와라 게이는, 부자들에게 돈을 대하는 태도와 말 습관이 따로 있다고 입을 모았다. 바로 긍정적인 말투를 사용하고, 상대의 이야기를 잘 들어주며, 일을 사랑하고, 타인에게 상처를 주는 말은 하지 않는 것이다. 이런 말 습관이 결국 성공과 운을 부른다고 말이다.

실제로 왠지 편하게 대화할 수 있는 사람이 있는 반면에 대화할수록 불편하고 에너지가 고갈이 되게 하는 사람이 있다. 특히 부정적으로 이야기하는 사람과 대화하면 내 마음도 무거워진다. 아무리 맛있는 음식이라고 한들, 음식을 담은 그릇이 깨져 있으면 맛을 음미하기 힘든 법이다. 대화도 마찬가지다. 아무리 유용한 주제를 다루더라도 말투가 안 좋은 사람과는 대화하고 싶지 않다. 그러므로 우리는 기본적으로 긍정적인 시각과 마음을 갖는 게 좋다. 그러면 말투를 바꿔야 할 조금 더 구체적인 이유는 무엇일까?

첫째, **사람은 말한대로 운명이 결정되기 때문이다.** 사람은 생각을 하면 뇌에서 반응이 일어난다. 그리고 뇌에서 내린 명령대로 몸이 움직인다. 노래가 만들어지고, 글이 써지고, 명작이 탄생한다. 즉, 머릿속의 말을 내뱉으면 그대로 이루어진다. 실제로 부정적인 단어와 말을 많이 하면 나쁜 일이 자꾸만 생긴다. 나는 중학생 시절 철봉을 잘하지 못했다. 선생님의 "그것도 못하냐!"라는 꾸중에 아예 철봉과 담을 쌓아 버렸다. "너는 잘할 수 있어!"라는 말을 들었다면 이렇게까지 철봉을 싫어하게 되지는 않았을 것 같다. 긍정적인 말은 삶을 변화시키는 힘이 있다. 뇌는 말하는 대로 기억한다. 그러므로 말투를 바꾸면 운명이 달라진다.

정신분석학의 창시자 프로이트 또한, 말이란 '현상화 되는 물질에너지'이므로 끊임없이 같은 말을 되풀이하면 결국 말대로 이루어진다고 했다. 말은 생각과 의지가 담기므로 무의식적으로 한 말이라도 결국 그 한마디 한마디가 모여 언제든 실제로 일어날 수 있다는 뜻이다. 긍정의 표현으로 긍정의 삶을 만들 수 있어야 한다.

둘째, **말로 감정을 조절할 수 있기 때문이다.** 상대에게 화를 내면 그 화는 결국 자신에게 돌아온다. 화나 나서 쏟아낸 말을 가장 많이 듣는 사람은 사실 상대가 아닌 나 자신이다. 실제로 화를 내면 몸속에 독소가 쌓이고, 몸에 쌓인 독소는 독사의 독보다 강하다는 실험과, 긍정의 언어와 사랑의 표현을 들은 물의 결정이 더 완벽하다는 실험은 이미 유명하다. 화가 나려고 하면 '잘될 거야. 별일 아니야.' 와 같은 긍정의 말로 자신을 위로하자. 화내는 것도 습관이며, 습관은 사고의 회로를 변화시킨다. 자신에게 긍정적인 위로를 건넬수록 분노의 감정을 조절할 수 있게 될 것이다.

셋째, **말로 사람을 내 편으로 만들 수 있기 때문이다.** 사람은 긍정적이고 밝은 사람 옆에 있고 싶어 하며, 편안한 사람을 원한다. 실제로 인기가 많은 사람의 말투는 따뜻하다. 어찌 되었건, 사람은 관계를 맺으며 끊임없이 교류하며 살 수밖에 없다. 말투 하나만 따뜻하게 바꾸어도 상대를 내 편으로 만들 수 있으며, 말투 하나로 관계가 회복되고, 발전한다.

　미국의 심리학자 매슬로는 인간에게 다섯 가지 욕구가 있다고 주장했다. 생리 욕구, 안전 욕구, 소속 욕구, 존경 욕구, 자아실현 욕구가 그것이다. 그리고 인정하는 말투는 인간의 이러한 다양한 욕구를 충족시켜 주어 관계를 극적으로 변화하게 하며, 나아가 상대가 길을 개척하고 발전하게 할 수도 있다. 상대를 인정하고 성장시키는 말투는 다음과 같다.

인정과 성장을 부르는 말투

- 이번 일로 많은 도움을 받았습니다.
- 당신은 정말 해결하지 못하는 문제가 없으시군요.
- 최고의 사업 파트너를 만난 것 같습니다.
- 당신 같은 사람이 곁에 있어서 매우 든든합니다.
- 너니까 가능한 거야. 너는 할 수 있어.
- 웬만한 사람이라면 엄두도 내지 못할 거야.
- 네가 내 친구라는 게 자랑스럽다.

　이런 말은 상대를 높여 주는 칭찬이면서, 대화의 연결고리가 되어 대화를 지속하게 한다. 이런 말은 듣는 이도 즐겁게 하지만 말을 하는 이도 기분을 좋게 만든다. 말 한마디로 나와 상대방의 관계는 물론 상대방의 성장에도 기여하는 말투다.

모두에게 통용되는 언어를 사용하는 것도 중요하다. 포토그래픽 메모리를 가진 천재들을 대상으로 외국어로 된 책을 읽고 내용을 말하도록 하는 실험이 있었다. 예상 외로, 참가자 모두 천재임에도 불구하고, 보통 사람 수준의 정도밖에 기억하지 못했다. 익숙한 언어가 일의 능률을 높인다는 사실을 증명하는 셈이다. 회사라면 회사에서 통용되는 언어를, 학교라면 학교에서 통용되는 언어를 익혀라. 오히려 전문가답고 믿음직스러운 인상을 남길 수 있다.

그리고 말투에 대해 공부하면 경제적 이득을 취할 수 있다. 의사소통 능력이 뛰어난 리더가 이끄는 기업은 평범한 리더의 기업보다 50% 높은 수익을 낸다고 한다. 베스트바이에서 회사 내의 소통과 관련한 심층 연구를 진행했는데, 실제로 의사 결정에 직원의 참여도를 1% 늘릴 때마다 1년에 1억 원씩의 영업 이익이 발생한 것을 볼 수 있었다. 또한, 직원의 근무 기간에도 영향을 미쳤다. 시간당 1만 원을 버는 직원 한 명을 교체하는 데 드는 비용은 390만 원이다. 직원의 연봉에서 20%가 이직에 들어가는 비용인 것이다. 즉, 조직 내의 의사소통이 원활할수록 성과의 효율과 이직 방지에 효과적이다.

캘리포니아 대학의 랑겔 박사팀은 '소비자에게 와인의 가격이 미치는 만족도'를 연구하기 위해, 90달러짜리 와인 두 병에 하나는 10달러라는 가격표를 붙이고 하나는 90달러의 가격을 붙였다. 그러고는 스무 명의 와인 애호가를 대상으로 와인의 마실 때의 즐거움을 표현하게 하고, 이를 데이터화했다(객관적인 데이터를 얻기 위해 뇌 자기공명영상을 활용했다). 결과는 10달러의 가격표가 붙어 있는 와인보다 90달러 가격표가 붙은 와인을 시음할 때 향기와 맛의 즐거움을 느끼는 안와전두엽 피질의 활성화가 두드러졌다. 맛을 음미하는 게 아니라 와인의 가격을 음미하는 셈이다. 이 실험은 우리에게 자신의 가격표를 높여야 한다는 것을 시사한다. 나의 가치를 높이기 위해 가장 효과적인 방법은, 당연히 좋은 말투를 구사하는 것이다.

또한, 좋은 말투는 자신의 성장에도 도움이 된다. 앞서 말했듯이, 좋은 말투를 쓰는 사람에게 사람이 모이는 법이다. 대화란, 나와 상대의 뇌가 만나는 일이다. 대화하면 내가 알지 못하는 것을 알게 될 뿐 아니라, 통찰력과 유머 감각이 함양된다. 《데미안》에는 '새는 알에서 나오려고 투쟁한다. 알은 세계다. 태어나려는 자는 하나의 세계를 파괴하지 않으면 안 된다'라는 구절이 있다. 자신을 보호하던 알을 깨고 나와야 하늘을 나는 새가 될 수 있듯이, 인간도 기존의 틀을 깨부숴야 비로소 더 큰 세계로 나아갈 수 있다. 대화를 통해 타인의 지혜를 배우고, 성장하자. 좋은 말투가 일상에 가득하도록 하자.

좋은 말투를 위해
준비해야 하는 것들

말은 인간관계의 핵심이다. 말 한마디로 상대방과 관계가 깊어지기도 하고 끊어지기도 하며, 기회를 얻기도 하고 다 잡은 기회를 잃기도 한다. 모두 자신의 의지로 가능한 일이다. 그렇다면 구체적으로 어떤 준비와 노력이 필요할까?

첫째, **자신감과 긍정적인 마인드를 장착한다.** 부정적인 생각에 매몰되어 있는 사람은 늘 주눅 들어 있고 표정과 말투가 어둡다. 누구도 부정적인 사람과는 관계를 맺고 싶어 하지 않는다. 우울한 감정이 전이되기 때문이다. 그러나 긍정적인 사람과는 관계를 맺고 싶어 한다. 덩달아 기분이 좋아지고 에너지가 솟기 때문이다. 긍정적인 사람의 인간관계가 폭넓은 이유이다.

다소 부정적인 면이 있더라도 너무 매몰되지 않도록 하고, 다음과 같이 외치자.

나에게 자신감을 주는 말투

- 나는 운이 좋다.
- 내 일은 내가 책임진다.
- 나를 사랑하는 사람들을 실망시키지 않는다.
- 나와 있으면 모두 즐거워한다.
- 나에게 맡기면 신경을 쓸 필요가 없다.
- 나는 신뢰할 수 있는 사람이다.
- 나는 멋있다.
- 나는 충분히 매력적인 사람이다.
- 나는 할 수 있다.

이렇게 자신을 긍정하면, 자신감을 잃지 않고 어려운 상황도 담담히 헤쳐 나갈 수 있으며, 좋은 말투를 사용할 수 있다. 뇌와 마음의 관계를 과학적으로 연구한 것은 1960년에 이르러서이다. 그리고 하버드 대학의 크리스토퍼 거머 교수는 2009년 '마음 챙김(mindfulness)'이라는 명상 수행법을 알렸다. 이 명상 수행법은 미국에서 심리치료사의 40%가 활용할 만큼 널리 이용되는 방법으로, 명상법의 핵심은 마음은 끊임없이 변화한다는 것을 받아들이고, 감정과 생각, 경험 등으로 인한 감각은 자각하지 못한 채로 변화한다는 것을 아는 일이다. 그리고 타인과 좋은 관계를 맺기 위해서는 나부터 괜찮은 사람이 되어야

한다는 것을 인식하고, 내면을 긍정적으로 가꾸는 일이다. 구체적으로는, 매일 긍정적인 일을 떠올려 노트에 적는다. 실제로 이렇게 하는 것만으로도 좋은 효과를 본 사람이 적지 않다.

둘째, **상대에 대한 최소한의 정보는 알고 관계를 시작한다.** 정현종 시인의 〈방문객〉이라는 시에는 '사람이 온다는 건 실로 어마어마한 일이다. 한 사람의 인생이 오기 때문이다'라는 구절이 있다. 누군가를 만난다는 건 이토록 상대의 인생 전체를 온몸으로 경험하는 일이다. 그러므로 상대에 대해 기본적인 정보를 알고 대화하면 금세 대화의 물꼬를 틀고, 가까워질 수 있다. 인간관계는 상대에 대한 이해 없이는 깊어질 수 없다. 상대가 무엇에 흥미를 느끼는지, 상대의 생각은 어떤지 등을 예의 바르게 물어보자.

셋째, **관계가 풀리지 않을 때는 휴식 시간을 갖는다.** 세상에는 완벽하게 좋은 사람도 없고, 완벽하게 싫은 사람도 없다. 그냥 나에게 착한 사람이면 좋은 사람이고, 나에게 나쁜 사람이면 좋지 않은 사람이다. 예를 들어, 동네에 베풀기 좋아하고 사람이 좋다고 소문난 사람이 있다. 그러나 같은 집에 사는 며느리가 그녀의 수발을 들다가 허리를 다쳤다. 며느리에게도 그녀는 착하고 좋은 사람일까? 그녀는 사람들에게 좋은 사람일지언정 며느리에게는 나를 힘들게 하는 사람일 것이다. 간혹, 당혹감과 분노를 부르는 사람이 있다. 이런 사람을 만났을 때는 마음을 가다듬고 심호흡하자. 마음이 안정되면 마음에 여유가 생긴다. 여유가 있어야 누구를 만나도 즐겁다. 좋은 말투를 위해서는 마음의 안정이 절대적이다.

넷째, **나의 마음을 이해하고 인정한다.** 인간관계에서 가장 먼저 파악해야 할 것은 자기 자신의 마음이다. 갈등이 발생했을 때, 내 마음을 제대로 알아야 적절한 대처를 할 수 있다. 내 감정과 의사를 말로 명확히 표현하는 연습을 하자. 상대와의 마찰을 최대한 줄일 수 있을 것이다. 흔히 말을 잘하는 기술을 말을 번지르르하게 하는 기술이라고 생각하는 사람이 있는데, 아니다. 내용이 없는 말은 무가치하다. 말을 더듬더라도 자신의 의사를 분명히 표현할 수 있으면 말을 잘하는 사람이다. 내가 무엇을 원하는지 정확히 파악하고, 명확히 표현하자.

거절은 어렵다. 특히 우리나라 사람에게 거절은 유독 힘든 일이다. 원하지 않는 일을 부탁받으면 난감하기만 하다. 그러나 거절이 어렵다는 이유로 모호한 표정과 행동을 보이는 건 최악이다. 상대를 헷갈리게 행동하기보다 확실하고 정중하게 거절하자. 거절하지 못하고 상대에게 끌려다녀서는 대화의 질도 좋을 리 없다. 거절하되 긍정적인 표현을 덧붙여 표현하는 말투를 사용해야 한다.

엄마: 철수야, 마루 청소 좀 도와줄래?

아들: 엄마, 그건 내 일이 아니잖아.

엄마: 아들이 뭐 이래. 엄마를 당연히 도와줘야 하는 거 아냐?

아들: 청소는 엄마 일이잖아요.

이 팀장: 박 대리, 내일 아침까지 매출 분석 자료를 제출해 줘. 좀 도
와줄 수 있지?

박 대리: 팀장님, 저 바빠요. 이건 제 일이 아닌데요.

이 팀장: 혼자만 바쁜 척이야. 이거 하게.

박 대리: 저 지금 다른 일이 있어서요. 죄송합니다. 다른 사람 시키세요.

엄마: 철수야, 마루 청소 좀 도와줄래?

아들: 엄마, 저 지금 숙제하고 있는데, 숙제 끝내고 도와드리면 안 될까요?

엄마: 아, 공부하는 데 방해했구나. 미안해.

아들: 얼른 끝내고 도와드릴게요.

이 팀장: 박 대리. 내일 아침까지 매출 분석 자료를 제출해 줘. 좀 도
와줄 수 있지?

박 대리: 팀장님, 제가 오늘 저녁 선약이 있어서요. 혹시 내일 일찍 나
와서 도와드려도 될까요?

이 팀장: 약속이 있는데 미안하네.

박 대리: 한 달 전부터 잡힌 약속이라 취소할 수가 없어서요. 일찍 출
근해서 자료 만들어 두겠습니다.

이 팀장: 고맙네.

박 대리: 아침 회의 시간 전까지 보고 드리겠습니다.

다섯째, **과거의 관계에 집착하지 않는다.** 스탠퍼드 대학의 프레드 러
스킨 교수는 수십 년간 용서에 대해 연구하며, "용서란 평화로운 삶
을 사는 법을 배우는 것이다. 용서란 평화의 느낌이다."라고 했다. 그
리고 "일어나 버린 나쁜 일이 고통을 주기는 했다. 그러나 이 일은 결
단코 미래를 파괴할 수는 없다. 우리는 시련을 극복한 승리자다."라고
자기 자신에게 말하라고 했다. 상처 입은 자는 용서함으로써 주변 사
람에게 위로와 치유를 해 줄 수 있는 존재가 된다. 사실은 기억하되
나쁜 감정은 버리자. 미움은 세상에서 가장 소중한 나 자신에게 해를
입힌다.

여섯째, **나를 점검하기 위한 질문을 하자.** 좋은 사람을 선택하려는

노력보다 앞서야 할 것이 있다. 내가 먼저 타인에게 좋은 사람이 되는 일이다. 자신에게 다음과 같은 질문을 해 보자.

나를 점검하기 위한 질문

- 나는 주위 사람들이 제일 먼저 찾는 사람인가?
- 나는 상대의 고민에 끝까지 귀 기울여 주는 사람인가?
- 나는 상대에게 따뜻한 위로와 칭찬의 말을 건네는 사람인가?
- 나는 긍정적인 사람인가?
- 나는 나의 의견을 잘 전달하는 사람인가?
- 나는 예의 바르게 이야기하는 사람인가?

인간관계가 나쁘면 내 성장에 악영향을 미친다는 것을 알아야 한다. 좋은 말투로 좋은 관계를 만들자. 나의 마음을 정확히 읽어내고, 내면을 관리해 평온한 상태를 유지하자.

명상은 좋은 말을
쓰게 한다

명상에 대한 사회적 관심이 높아지고 있다. 의학적으로도 명상이 면역력을 높이는 효과가 있음을 확인했으며, 기업에서도 명상이 직원들의 업무 능력 향상에 효과가 있다고 하여 구글, 인텔, 메타 등이 명상 프로그램을 도입했다.

'행복한 사람은 절대로 타인을 괴롭히지 않는다'라는 말이 있다. 마음의 여유가 없는 사람은 타인에게 가혹하며, 자신에 대한 비판을 받아들일 줄 모르고, 자신의 욕구를 공격적 방식으로 표출하기도 한다. 또한 사람은 심신이 지쳐 있을 때 공격적 성향이 강해지고 말투가 거칠어지며, 타인을 몰아 부친다. 이럴 때 가장 도움이 되는 것은 명상이다. 명상은 마음에 신선한 바람을 불어넣어 평온하게 하며, 말투를 좋게 만들고 인간관계를 원활하게 한다. 또한, 마음은 자신이 만드는 것이다. 요즘 말하는 소위 '강철 멘털'은 명상으로 가능하다. 늘 '어떤 마음을 선택하느냐에 따라 내 삶을 바꿀 수 있다'라는 것을 명심하고, 자신을 다스리자.

2005년 신경과학회에서는 달라이 라마를 기조 연설자로 선정해 '명상의 신경과학'이라는 제목으로 강연을 열었다. 그러고는 기존 뇌과학계의 분문율인 '성인의 뇌는 절대로 변화시킬 수 없다'에 반박하는 주장을 했다. 명상을 통해 뇌를 변화시킬 수 있다고 말이다. 뇌는 기본적으로 전기적(電氣的) 활동을 한다. 뇌에 자극이 가해지면 신경세포들은 전기적 펄스(전류 또는 파동)를 내고, 이 펄스들이 모여 특정한 형태를 띄는 뇌파(EEG)가 된다. 뇌 과학자들은 뇌파의 변화를 알면 마음의 변화도 유추할 수 있다고 말한다. 또한 명상은 신체적 실행 능력도 탁월하게 한다. 명상이 최적화한 상태는 운동선수들이 경기 도중 무념무상의 상태에 이르는 경지와 같은 수준이다. 강한 흥분이나 얕은 수면 중에 나타나는 4~7Hz의 세타파가 발생하며 고통과 피로감, 공포 등의 감정이 사라지고 최고의 경지인 쾌감이 뒤따르는 것이다. 명상의 효과는 다음과 같다.

첫째, **좌뇌 전두엽이 활성화해 행복해진다.** 위스콘신 대학의 리처드 데이비슨 박사는 평소 뇌의 활동성을 비교하면 개인의 기분 상태를 알 수 있다고 했다. 우측 전전두피질이 활발하면 고민이 많고 불행한 상태이며, 좌측 반구가 활발하면 행복하고 열정에 찬 상태라고 말이다. 또한, 우측 전전두피질이 극단적 활동성을 띠면서 기울어져 있는 사람은 우울이나 불안 장애를 보이고, 반대로 좌측 전전두피질이 활기를 띠면 열정과 기력이 넘치는 감정 상태에 있다고 했다. 실제로 데이비슨 박사는 1만 시간 이상, 5만 5000시간 이하의 명상을 해 온 175명의 티베트 승려를 대상으로 fMRI를 촬영한 결과, 한 사람의 예외도 없이 좌측 전전두엽의 활동이 우측 전전두엽보다 우세한 것을 확인했다. 명상 수행이 뇌의 활동성을 변화시킨 것이다. 일반인도 명상을 하면 좌측 전전두엽의 기능이 우세해져 우울한 기분이 행복함으로 변화한다. 첨단 장비가 활용되면서 명상이나 휴식 상태에 일어나는 뇌의 활동을 즉각적으로 확인할 수 있게 되면서 밝혀진 현상들이다. 아무튼 명상은 사람을 행복하게 만들며, 긍정적인 말을 하게 한다.

둘째, **면역기능을 강화한다.** 명상을 하는 사람들에게 독감 백신을 맞힌 뒤 형성된 항체의 양을 조사했더니, 명상을 하지 않는 사람보다 형성된 항체의 양이 많고, 독감의 증세도 훨씬 가벼운 걸로 나타났다. 좌측 전두엽 쪽으로 감정의 결정점이 많이 기운 사람일수록 면역 수치가 높다는 결과와 일맥상통한다. 또한, 미국의 클리포드 샤론 박사팀의 연구에 따르면 명상은 인간의 수명에도 영향을 미친다고 한다. 염색체의 말단에는 텔로미어(telomere)라는 DNA의 조각이 있다. 이 텔로미어는 세포가 분열하면서 점점 짧아지는데, 텔로미어가 사라지면 세포는 분열하지 못하고 죽고 만다. 그런데 샤론 박사 팀이 3개월 간 하루에 6시간씩 명상을 한 집단과 명상을 하지 않는 집단의 텔로미어 활성을 비교했더니, 명상을 한 집단의 텔로미어 활성화가 평균보다 30% 높다는 결과가 나왔다. 즉, 명상이 스트레스를 낮추어 세포의 노화를 늦춘 것으로 해석된다.

셋째, **머리가 맑아진다.** 명상은 이전에 배운 것은 잊고 새로운 것을 배우는 과정으로 이루어지며, 신경과학에서는 이를 '시냅스 연결 가지치기'라고 부른다. 명상은 인간이 더 나아지도록 행동을 조절하게 하며, 부정적인 감정의 두뇌 네트워크를 변화시킨다. 물론, 뇌에는 확실히 유전적인 요소가 작용한다. 그러나 명상은 유전적으로 물려받은 두뇌 활동 패턴을 바꾸는 힘이 있다. 말투 또한 끊임없이 노력해 다듬어야 하는 학습적 측면이 있기 때문에 명상을 통한 훈련은 도움이 된다.

PART
2

———

관계를 만드는 기적의 대화법 1

칭찬하면
호감도가 상승한다

칭찬이 좋다는 건 누구나 알지만, 칭찬 받는 사람만큼 칭찬하는 사람도 좋다는 사실을 아는 사람은 드물다. 사실, 칭찬할 때 그 칭찬의 말을 가장 먼저 듣는 건 나 자신이므로, 남을 칭찬하면 나도 덩달아 기분이 좋아지고, 용기와 힘이 솟는 법이다. 칭찬의 마법이다.

인간은 인정 욕구가 채워지지 않으면 자존감이 낮아지고 불안해하기 때문에, 늘 타인에게서 인정받고자 한다. 그리고 이런 인정 욕구를 채워주는 건 칭찬뿐이다.

칭찬의 힘은 세다. 조금이라도 발전하고 성장하고 있다는 것을 누군가가 알아주면 자신감이 생기고, 더 분발하겠다고 다짐도 하게 된다. 특히 노력에 대한 칭찬은 삶을 더 나은 방향으로 나아가게 한다.

부모가 아이에게 결과가 아닌 노력을 칭찬하면, 주저 없이 새로운 일에 도전하고 의사 표현을 적극적으로 하는 것을 볼 수 있다. 국제 학술지 〈교육심리학〉의 브리검 영 대학의 폴 칼다렐라 박사의 '칭찬과 질책이 아이에게 미치는 영향'에 관한 연구를 살펴보자. 연구진은 미국의 5~12세 아이 2,536명을 두 그룹으로 나누어, 한 그룹에는 기대하는 바대로 사회적 능력을 보였을 때 보상을 하는 CW-FIT라는 프로그램을 적용하고, 한 그룹은 기존의 방식대로 지도하기를 3년간 실행했다. 그 결과, 질책보다 칭찬이라는 보상을 많이 받은 집단이 집중력이 높았으며, 특히 과제 집중도는 30%가 증가했다. 그리고 질책 대비 칭찬의 비율을 1:2로 하면 더 좋은 효과를 볼 수 있을 것이라 말했다.

또한 뇌는 주로 듣고 사용하는 말에 따라 시냅스가 형성되기 때문에 질책을 많이 듣고 자라면 뇌는 할 수 없는 이유들을 순식간에 산더미처럼 찾아낸다. 할 수 있는 방법이 많은 데도 할 수 없는 이유만을 찾아낸다. 질책을 많이 듣고 자란 아이가 "나는 할 수 없어."라고 결정짓는 이유이다. 반대로 칭찬을 듣고 자란 아이는 문제 상황을 해결하기 위한 방법을 찾아낸다.

언어가 인간의 사고를 규정한다는 '사피어워프 가설'이 있다. 평소의식하고 있지 않은 언어의 강제력이 인간의 경험과 사고방식을 규정한다는 이론이다. 이는 곧 자신의 말이 자신의 인생을 만들어 간다는 것으로 해석할 수 있다. 긍정적인 말을 많이 하는 사람은 자신의 인생도 긍정적인 방향으로 이끌고, 부정적인 말을 많이 하는 사람은 인생의 방향도 부정적으로 흘러가게 한다. 말에는 힘이 있다. 칭찬으로 자신의 삶과 타인의 삶을 좋은 방향으로 나아가게 하자.

우리는 언제 가족과 동료, 친구를 질책하는가? 바로 내 기대에 미치지 못했을 때다. 그러나 질책의 말은 상대를 고무시키기보다는 반발심만 부른다. 간혹 "넌 왜 이렇게 밖에 못하니? 아휴, 속 터져. 답답해서 미치겠다."라든지, "이번 생은 망했어."와 같은 말을 서슴없이 사용하는 사람이 있다. 이런 말은 뇌에 부정적 회로를 만들어 할 수 없는 이유만 찾게 한다. 행동보다 말을 먼저 바꾸자. "괜찮아. 넌 할 수 있어."와 같은 말을 사용하면 해결의 실마리를 찾을 수 있다. 능력은 비난 속에서 시들고 칭찬 속에서 배가 되는 법이다.

헨리 고더드 박사는 바인랜드 양호학교 심리학 교수로 재직할 당시, 직접 고안한 '엘고 그래프' 피로 측정기로 놀라운 결과를 얻은 바 있다. 몹시 피로에 찌든 학생들을 선별해 칭찬의 말을 한 뒤 엘고 그래프로 측정하니 육체적 긴장이 풀리며 빠르게 근육이 이완된 것이다. 이는 대인 관계와도 관련되어 있다. 타인과의 마찰은 낮은 자존심에서 기인하므로 칭찬을 하면 자존감이 높아져 마찰과 말썽을 줄일수 있다. 상대의 체면을 세워 주고, 그의 노력을 인정해 주는 사실을 알려주는 것만으로도 관계가 좋아질 수 있다.

대화 예시 1. 나쁜 칭찬

A: 우리 팀원들은 내가 노력하고 있다는 것을 왜 몰라줄까?

B: 모르긴 뭘 몰라. 다 알아. 네가 잘 모르는 것뿐이야.

A: 정말? 내가 정말 힘들게 일하고 있는지 정말 알아?

B: 꼭 말을 해서야 아니? 느낌으로 알지. 다 알고 있어.

A: 정말 그럴까? 많이 지치네.

B: 지치긴 뭐가 지쳐. 이번 프로젝트 잘했어.

대화 예시 2. 좋은 칭찬

A: 우리 팀원들은 내가 노력하고 있다는 걸 왜 몰라줄까?

B: 그랬구나. 네가 많이 노력하지.

A: 아무도 내가 이렇게 힘들게 일하고 있는 걸 모른다니까.

B: 이번 프로젝트 신경 쓸 게 많아서 정말 힘들었지?

A: 응. 많이 지치네.

B: 네가 잘해 주고 있으니 우리 팀이 잘되고 있는 거야. 정말 고마워.

A: 에이, 진짜? 너야말로 고생 많았지. 서로 급하다고 서두르는 바람
에. 너도 고생 많았어.

B: 노력한 만큼 꼭 결과가 있을 거야. 우리 다시 기운 내자.

칭찬에는 반드시 진심이 담겨야 한다. 칭찬의 이유를 구체적으로 들어 상대의 마음에 닿도록 하자. 또한, 칭찬은 결과물보다 존재 자체에 대한 칭찬일수록 효과가 크다. 상대를 관찰해 그 사람의 고유한 특징을 이야기하자. 장점이 무엇인지, 무엇이 훌륭한지를 구체적으로 칭찬하는 것이다. 예를 들어, "당신은 내가 이제까지 만난 사람 중에 제일 아름다운 손을 가지고 있습니다."라는 말이 "당신은 세계 제일의 미인입니다."라는 말보다 효과적이다.

나쁜 칭찬	좋은 칭찬
· 넌 우수한 사원이야. · 넌 정말 똑똑해. · 넌 성격이 정말 밝아. · 넌 멋있어! · 정말 훌륭해!	· 넌 끝까지 해내는 끈기가 있는 친구야. · 넌 정말 안목이 좋구나.. · 항상 열정과 아이디어가 넘치네요. · 지난주 회사 매출이 제일 높았어. 네 덕이야. 그 어려운 일을 해내다니. 대단해!

행위나 장점을 구체적으로 칭찬하면 상대는 자신의 좋은 점을 구체적으로 알게 된다. 칭찬의 효과가 배가 되는 것이다. 단, 지나친 칭찬은 삼가자. 진정성 있는 칭찬으로 편견 없이 칭찬을 받아들일 수 있도록 해야 한다.

만나는 사람들에게 하루에 세 번씩 칭찬하기를 실천해 보자. 당신의 마음에 여유와 행복이 깃들 것이다. '칭찬은 귀로 듣는 보약'이라는 말이 있다. 말투 하나로 상대의 인정 욕구를 채워줌으로써 인간관계가 좋아지는 것이다. 그리고 말은 부메랑이므로, 칭찬은 결국 나에게 돌아올 것이다. 자신을 칭찬하고 주위를 환기시켜 주는 사람을 좋아하지 않는 사람은 없다.

진정성 있는 대화가
관계를 진전시킨다

　말의 기술만으로는 진심을 담아낼 수 없다. 기술보다 더 중요한 건 말에 담겨 있는 진심이다. 대화를 해도 마음이 느껴지지 않을 때가 있다. 그건 진심이 담기지 않아서이다. 누군가의 말투가 예쁘다고 따라할 필요도 없다. 말의 기술만을 배우는 것은 수박 겉핥기이다. 대화에 임할 때 내가 어떤 마음을 갖고 있는지부터 살피자. 수시로 나의 언행을 점검하고 진솔한 말투를 만들려 노력하라. 그래야 상대와 진심으로 소통할 수 있다.

　'허심탄회(虛心坦懷)'라는 고사성어가 있다. 자신의 마음을 가식 없이 털어놓는다는 말이다. 이처럼 진정한 대화는 서로의 감정 공유에 있다. 시어도어 젤딘의《대화에 대하여》에서는 '진정한 대화란 지적인 호기심을 갖고, 서로를 존중하는 대화에 몰입하는 것'이라 말하며, '이때야말로 나와 타인을 세계를 완전히 새로운 방식으로 이해하게 된다. 대화는 타인을 통해 새로운 자기 이해에 이르게 되는 통로다. 세계를 확장하는 발판이 되는 것이다'라고 하였다. 즉, 대화란 타인을 통해 새로운 자신을 만나게 되는 통로이자, 자신만의 세계를 벗어나게 하는 수단이다. 또한, 유발 하라리의 《사피엔스》는 '벌과 같은 곤충들은 많은 숫자가 모여 함께 일하는 능력이 있다. 하지만 이들의 일하는 방식은 경직되어 있다. 늑대와 침팬지의 협력은 개미보다는 더 유연하다. 그러나 한계가 있다. 친밀하게 지내는 소수의 개체와 협동할 뿐이다. 인간은 수없이 많은 이방인과 말이 있기 때문에 매우 유연하게 협력할 수 있다. 말이 있다는 것, 서로 의사소통할 수 있다는 점이 호모 사피엔스가 먹이 사슬의 가장 위에 있게 된 이유다'라며 인간에게 있어 의사소통이 얼마나 중요한지를 환기시킨다. 소리만 담긴 말로는 인간다운 의사소통을 할 수 없다. 예를 들어, 당신은 상사에게 프로젝트 수주를 지시받아 처음 본 담당자와 2주간 함께 일을 했다고 하자. 담당자는 매우 깍듯했고, 일을 매우 잘했다. 그러나 당신은 어떻게 해야 빨리 수주를 받을 수 있을 지에만 몰두한 나머지 담당자와 개인적인 친분은 쌓지 못했다. 능력도 있고 배울 점도 많은 사람이었음에도 말이다. 당신이 그에게 진심이었다면 어땠을까? 아마 프로젝트 수주 성공은 물론 유능하고 사려 깊은 그와 개인적인 친분까지 쌓을 수 있었을 것이다.

정중한 말투보다 중요한 건 상대에 대한 내 생각이다. 말속에 내 생각이 들어 있고, 내 생각이 그대로 전달되기 때문이다. 상대를 어떤 존재로 인식할지는 내가 정하기 나름이다. '계약만 하면 끝이다.'라고 정할지, '계약 성사 후에도 배울 수 있는 부분이 많으니 개인적 친분을 이어가자.'라고 정할지 말이다. 우리가 친구를 깊은 인간관계라고 말하는 이유는 무엇일까? 아마 서로에게 이익이나 목적을 위한 수단으로 여기지 않기 때문일 것이다. 꾸미지 않은 나를 보여 주는 대화가 말의 기술을 넘어 말의 근본이다.

노벨상을 수상한 심리학자 대니얼 카너먼 교수는 인간 행동에 대한 수많은 실험 끝에, '인간은 결국 합리적 이성으로 의사 결정을 한다. 비합리적으로 보이는 의사 결정이라도 결국은 위험을 회피하기 위한 감정적 요인이 작용한 합리적 의사 결정이다'라는 전망 이론을 정립했다. 그 예로, 사람은 물건을 살 때, 질이 조금 떨어지더라도 더 믿음직스러운 기업의 제품을 선택하고, 똑똑한 파트너보다 내가 조금 더 신뢰하는 파트너를 선택해 협업한다. 진정성이 곧 가장 합리적인 선택인 것이다.

진정성 있는 소통은 경제적으로도 유리한 선택을 하게 한다. 변화와 의사소통에 대한 ROI 연구 보고에 의하면, 효율적인 의사소통을 실천하는 회사가 그렇지 않은 회사에 비해 작업 능력이 1.7배 높다고 한다. 실제로 〈더 펄스 커뮤니케이션스〉에는 전 세계적으로 수행

중인 전체 프로젝트 예산 10억 달러당 1억 3,500만 달러가 낭비될 위험에 노출되어 있으며, 이중 56%인 7,500만 달러가 비효율적인 의사소통으로 인한 손실로 예상된다고 밝힌 바 있다. 또한, 메릴랜드 대학교의 연구진은 미국의 병원들이 비효율적인 의사소통으로 인해 매년 약 13조 5,000억 원을 낭비한다는 사실을 알아냈다. 진료 시간문제로 인한 낭비 비용도 포함되지만, 이 액수의 절반 이상은 적절한 시기에 분명히 전달받지 못한 정보로 인한 추가 입원비용이다. 모두 비효율적인 의사소통으로 인한 결과이다.

의사소통을 잘한다는 것은 재미있는 말로 상대방을 즐겁게 한다든지 상대를 설득하는 데에만 국한되는 것이 아니다. 관계를 풍요롭게 만드는 대화가 중요하다. 상대가 나를 믿고 의지하며 고민을 털어놓을 때를 생각해 보자. 이럴 때는 상대에게 진심으로 공감하는 마음을 가져야 한다. 그리고 자신도 어떻게 어려움을 극복했는지 솔직하게 이야기하고 격려하면 된다. 솔직한 경험담과 격려는 힘이 된다. 진심이 담긴 말이야말로 상대를 움직이게 하고 관계를 진전시킨다.

대화 예시

A: 오늘 업무가 많아 힘들다. 새 프로젝트까지 맡아 지치네.

B: 그랬구나. 나도 새로운 일에 적응할 때 힘도 들고, 윗사람들 눈치 보느라 바빴던 것 같아.

A: *새로운 걸 하는 게 참 힘드네.*

B: *정말 그렇지. 하지만 이런 일도 잘 해내면 배우는 게 있을 거야. 저번 프로젝트도 힘은 들었지만, 도전하는 느낌이 참 좋았던 것 같아.*

A: *지금 나도 도전 중인 걸까?*

B: *그럼! 적응하는 데까지 힘이 드는 거니까. 이번 프로젝트를 끝내고 나면 성장해 있을 거야. 기운 내자! 넌 잘할 수 있어!*

이렇게 솔직하게 마음을 드러내면 인간적인 매력이 느껴질 뿐더러 관계를 확고히 할 수 있다. 그러나 회사에 체면치레의 말을 일삼거나, 대외적인 말이 몸에 배어 절대로 본심을 드러내지 않는 사람이 많다. 그렇다 하더라도, 꾸민 것처럼 느껴지는 상투적인 말은 삼가자. 형식적인 말의 나열로는 절대로 사람을 얻을 수 없다. '손은 손이 아니면 씻을 수 없다'라는 말이 있다. 주머니에 손을 넣으며 손을 씻을 수 없듯이 진심을 보이지 않으면서 상대의 본심을 바랄 수는 없다.

〈오프라 윈프리 쇼〉는 시청자 수 4,800만 명에 150개국에서 방송된 미국의 인기 프로그램이다. 오프라 윈프리의 책은 5,500만 부가 팔렸으며, 포브스는 그녀의 순자산을 27억 달러로 추정했다. 미국 여성으로서는 유일한 억만장자이다. 토크 쇼 진행자 도나 휴에게 오프라의 인기가 더 많은 이유를 묻자, 도나 휴는 "오프라는 나보다 훨씬 더 스스럼없이 몸무게와 옷, 남자들, 싱글 여성의 실생활 등에 대한 이야기를 나눈다."라고 말했다. 오프라 윈프리가 큰 인기를 얻은 이유는 언제나 그녀 자신의 이야기를 편안하고 솔직하게 표현하기 때문이다.

말의 본질은 말 자체가 갖고 있는 진정성이다. 좋은 말투로 자신의 생각을 전하면서도 그 안에 진심을 담는 것이 의사소통의 핵심이다. 듣기 좋은 몇 마디 말로 상대를 설득하거나, 관계를 돈독히 할 수 없다. 깊은 의사소통을 통해서만이 상대와의 관계가 깊어질 수 있다. 정직하게 마음을 털어놓는 사람에게는 저절로 도와주고 싶고 친해지고 싶은 마음이 든다. 이것이 인지상정이다.

경청하면 문제 해결의
실마리를 얻을 수 있다

인간은 상대의 귀를 원한다. 상대가 나에게 귀를 기울여 줄 때 자신이 존중받고 있음을 느끼기 때문이다. 또한, 진정한 듣기란 단순히 소리를 듣는 게 아닌, 시선과 표정, 태도가 상대를 향해 있는 것을 말한다. 즉, 경청은 관심을 갖고 집중하는 행위이자, 상대의 마음을 읽어 공감하는 것이다. 온전히 상대에게 에너지를 모아야지만 가능하다.

대화 예시 1. 경청하지 않은 대화

A: *이번 프로젝트 방금 마무리했습니다.*

B: *그래? 철저하게 마무리했지? 다음 것도 잘 부탁하네.*

A: *이번 프로젝트 방금 마무리했습니다.*

B: *그래. 이번 일 어렵지는 않았었니? 힘든 점이 많았지?*

경청의 태도가 들어간 대화에는 이처럼 맞장구와 상황에 맞는 질문이 들어가기 마련이다. 대화 예시 1에서 부하 직원의 의견을 되물었다면 둘의 관계는 호의적으로 나아갈 수 있었을 것이다.

미국의 철학자 존 듀이는 "사람은 누구나 중요한 사람이 되고 싶은 욕망을 가지고 있다."라고 했다. 사람은 나에 대해 이야기할 때 자신을 중요한 사람으로 인식한다. 그래서 내 이야기를 들어주는 사람에게 호감을 느끼고 마음을 열며, 자신을 특별한 사람으로 여기고 주인공이 된 듯한 느낌에 빠진다.

경청은 상대를 이해하기 위한 여정이다. 경청을 통한 대화를 구사하는 사람은 듣기와 말하기의 비율을 6:4로 한다. 상대가 충분히 이야기하도록 기회를 준다. 실제로 낯빛이 좋지 않은 후배에게 사연을 묻고 후배의 마음에 공감하고, 맞장구를 쳤더니 후배는 한결 마음이 시원해졌다고 이야기한 적이 있다.

하버드 과학자들은 쾌락 중추에 관한 실험을 통해 '사람은 자신에 대해 말하는 순간 마약이나 섹스, 도박과 같은 강력한 자극에 반응한 것과 같은 뇌 부위가 활성화한다'라는 사실을 밝혀냈다. 그만큼 사람은 자신에 대해 말할 때 강한 쾌감을 느끼는데, 흥미로운 것은 자신에 대한 말을 혼잣말로 해도 같은 반응이 일어나는 것이다. 즉, 나에 대해 말하기는 우리의 존재감을 강하게 느끼게 해 주며 심지어 즐거움을 주기까지 한다.

경청은 훈련으로 익힐 수 있는 기술이다. 그럼에도 불구하고, 듣기에 대한 연구의 선구자인 랄프 알코스는 저서《당신은 듣고 있습니까?》에서 '사람들은 듣는 법을 모른다. 귀를 두 개씩 달고 있지만 그 귀를 사용하는 기술은 거의 습득하지 못했다'라고 했다. 그만큼 경청의 기술을 익히는 건 힘들다는 말일 것이다. 상대의 입장을 이해한다는 생각으로 적극적으로 듣자. 귀로 소리를 듣는 게 아니라 마음으로, 완전히 상대에게 집중해 상대로 하여금 자신의 존재감을 깨닫게 하자. '당신이 이 순간 제일 중요해.'라는 메시지를 전하는 것이다. 다음은 경청을 잘하기 위한 기술이다.

경청하는 태도 취하기

핸드폰을 잠시 내려놓고 부드럽게 상대의 눈을 바라본다. 노트나 메모지를 준비해도 좋다. 시선을 외면하거나 팔짱을 끼지 않도록 하자. 적절한 때에 고개를 끄덕이는 제스처를 취하는 것도 좋다. 그리고 "정말요?", "그래요?"와 같은 맞장구를 친다. 잘 듣고 있다는 사인이자, 상대의 말할 권리를 존중하는 행위이다. 라디오 프로듀서였던 데

이브 아이세이는 구술 프로젝트 '스토리 코어'를 위해 공원에 작은 부스를 설치하고 친구와 연인, 가족과 40분간 이야기하게 했다. 그러자 참가자들은 온전한 대화를 위한 이 부스 안에서 가볍게 이야기하다가 점점 속마음을 절절히 토해내기 시작했고, 깊은 관계를 맺게 되었다고 이야기했다. 데이브 아이세이는 이 프로젝트의 이유를 다음과 같이 말했다. "단순히 귀를 기울이기만 해도 상대의 존재를 깊이 존중하게 됩니다. 무수한 소음 폭격을 받는 요즘, 상대에게 귀를 기울이세요. 이 프로젝트의 핵심은 듣는 법을 배우는 것입니다. 누군가에게 이제 정말로 중요한 것에 대해 이야기해 보자고 격려하는 셈입니다."

세부 사항까지 귀담아듣기

대화한 후 '참 좋은 시간이었어.'라고 느꼈는데 결과는 정반대인 경우가 있다. 이런 일이 일어나는 결정적인 이유는 제대로 듣지 않았기 때문이다. 대화의 성공 여부가 당신의 느낌 뿐이라면 당신은 상대보다 더 많이 말한 것이다. 도파민에 미혹 당한 셈이다.

듣기 성공 여부의 척도가 되는 것은 들은 내용에 대한 기억이다. 한 연구에 따르면, 가볍게 들은 경우 8시간 이내로 대화 내용의 절반 이상을 잊는다고 한다. 상대가 나에게 되묻는 질문이 많았다거나 내가 되묻는 게 많은 것도 소통이 제대로 되지 않았다는 뜻이다. 다음은 마트에서 있었던 일로, 상대의 말을 귀담아듣지 않은 예이다.

A: *제 가방이 무빙 카트 아래쪽에 파묻혀 버렸네요. 가방 꺼낼 시간 좀 주시겠어요?*

B: *(상대를 똑바로 바라보지만 시간을 주지 않은 채) 네, 얼마든지요.*

A: *잠깐만요. 가방 꺼낼 시간 좀 주세요.*

B: *네네.*

상대의 마음 읽기

경청하면 상대의 마음을 읽을 수 있다. 마음을 읽는다는 것은 상대의 말에 공감하는 것이다. 상대의 말속에 담긴 속뜻을 숙고해 보자. 퓰리처상 수상 작가 스터츠 터클의 인터뷰집《일: 누구나 하고 싶어 하지만 모두들 하기 싫어하고 아무나 하지 못하는》은 존중의 중요성에 대해 이야기한다. 133인의 다양한 직업인을 인터뷰한 그는 인터뷰하러 갈 때마다 준비하는 게 있다고 한다. 바로 '상대를 존중하는 마음'이다. 그는 기업가, 환경미화원, 농부 등 다양한 사람을 인터뷰하러 갈 때마다 경청하는 능력과 열정을 잃어버리지 않기 위해 최선을 다했다.

상대가 영 마음에 들지 않더라도 인내심을 갖고 상대에게 기회를 준다는 생각으로 대화하자. 어떤 이야기든 결론을 내릴 수 있도록 노력하자고 결심하라. 상대가 말썽꾼이라고 해도 말이다. 그런 상대라

해도 귀를 기울이고, 정성 어린 태도를 보인다면 대화의 방향은 전혀 다른 방향으로 흘러 당신을 놀라게 할지도 모른다. 많은 이에게 영감을 준 랍비이자, 《마음의 평화(Peace of mind)》의 저자 조슈아 로드 리브먼은 "인내는 타인의 믿음과 습관을 이해하려는 긍정적이고 진실한 노력이다. 그 믿음과 습관을 공유하거나 받아들일 수 없다고 해도 말이다."라고 했다.

'이청득심(以聽得心)'이라는 사자성어가 있다. 진심으로 상대에게 귀를 기울이면 그 사람의 마음을 얻을 수 있다는 뜻이다. 우리는 다양한 인간관계 속에서 수많은 갈등과 마주한다. 그리고 해결의 실마리는 상대의 말속에 들어 있는 경우가 많다. 남의 말을 듣는 데 인색하지 않았는지 돌아보자. 진심으로 경청하면, 상대의 공격성마저 이해하게 되는 경우가 있다. 알게 됨으로써 상대를 이해하게 되고, 이해하게 되면 갈등을 해결할 수 있다. 경청해야 할 이유이다.

맞장구는
친밀감을 높인다

　우리가 흔히 쓰는 '맞장구치다'라는 말은 상대의 행동에 반응을 보인다는 뜻이다. 진화 심리학자 로빈 던바 교수는 인간의 맞장구는 침팬지의 그루밍과 유사하다고 했다. 서로의 털을 손질해 주는 그루밍은 침팬지 사회에서 상호 친밀성을 높이기 위한 행위이자 따돌림 당하지 않기 위한 행위이다. 즉, 인간의 맞장구와 침팬지의 그루밍은 생존을 위한 행위라는 공통점이 있다.

　미국의 심리학자 마타라조는 '맞장구가 미치는 영향'이라는 연구를 위해, 면접 응시자를 대상으로, 한 그룹에는 면접관에게 열심히 고개를 끄덕이게 하고, 다른 한 그룹에는 아무 반응을 보이지 않게 했다. 그리고 실험 결과, 고개의 끄덕임을 받은 집단의 응시자는 말을

50% 더 했고, 아무 반응을 받지 못한 그룹의 응시자는 주눅이 들고 의기소침해 했다. 이 실험을 통해 알 수 있는 사실은 맞장구는 상대로 하여금 말을 이어 나갈 수 있게 하는 윤활유와 같은 기능이 있다는 것이다. 다음은 두 학생의 대화이다.

대화 예시

A: 우리 엄마는 도저히 이해가 안 돼.

B: 왜? 무슨 일 일이야. 엄마랑 싸웠어?

A: 응. 엄마가 나보고 립스틱을 바르지 말라고 하시잖아. 공부에 방해된다고.

B: 아, 그러셨구나. 너 정말 짜증 났겠다.

A: 응. 요즘이 어떤 시대인데 화장하지 말라고 하시는지. 도무지 이해가 안 돼.

B: 그러게. 요즘 다 하고 다니고, 공부에 방해되지도 않는데. 엄마가 너무하셨다.

A: 그런데… 나도 엄마한테 너무했나?

B: 그래. 엄마도 네 걱정이 되어서 그러셨을 거야.

A: 그러게. 엄마가 나 밥도 챙겨 주고 학원도 매번 데려다주시는데. 내가 너무한 것 같다.

B: 그래. 너도 화 풀어.

이렇게 친구의 이야기에 맞장구만 쳐 주었을 뿐인데도, 친구는 화를 가라앉혔다. 그리고 끝은 엄마에 대한 미안함으로 마무리되었다. 사람은 자신에게 공감해 주는 존재를 필요로 한다. 공감을 받는 것만으로도 분노가 가라앉고, 스스로 문제를 해결할 실마리를 찾기도 한다. 해결책을 제시해 줄 필요도 없다. 고개를 끄덕이거나 맞장구치며 반응만 보여 주어도 상대는 자신의 나아갈 길을 찾는다.

그런데 맞장구에도 결이 있다. 회사가 너무 힘들어 못 다니겠다는 친구에게 "여기 그만두면? 계획이라도 있어?", "아직 대출금 남았잖아.", "괜찮아질 거야. 조금만 참아 봐."라는 맞장구를 치면 친구는 입을 닫을 것이다. 반면 "회사를 그만두고 싶을 정도로 무슨 일이 있는 거야?", "누구야? 누가 널 그렇게 힘들게 하는 거야?"라고 하면 상대는 화를 가라앉히고 스스로 답을 찾을 것이다.

맞장구는 상황에 맞는 적극적 추임새이며, 상대를 기분 좋게 만들고 나에 대한 호감을 높인다. 다음은 맞장구의 종류와 쓰임 예시이다.

맞장구의 종류

응원의 맞장구	긴장 완화의 맞장구	정리의 맞장구
· 역시 대단하네요. · 그럴 수도 있군요. · 할 수 있어. 반드시 된다. · 꼭 해낼 수 있을 거야. · 정말 기대되는데.	· 그럴 만했네요. · 정말 힘들었겠어요. · 정말 큰일날 뻔했군요. · 많이 피곤하겠어요. · 많이 속상했겠어요.	· 이렇게 될 거라는 말씀이죠? · 이후엔 이렇게 되겠네요. · 이 말씀은 이런 의미이지요?

맞장구에도 요령이 필요하다. "네.", "그래요."와 같은 단답식의 맞장구는 단조롭고 냉담해 보여, 오히려 상대의 기분을 상하게 할 수 있다. 긴 호흡으로 맞장구치자. "네에.", "그렇습니까아~?"와 같이 한 음절씩을 천천히 발음하는 것이다. 맞장구만 성의 있게 보내도 상냥하고 따뜻한 인상을 줄 수 있다. 커뮤니케이션 기술 중에 '백트래킹' 대화법이 있다. 상대의 말을 똑같이 반복해 반응하는 것이다.

대화 예시

A: *우리 애가 지금 6개월인데 벌써 '아빠빠빠빠~'라고 말하지 뭐야?*

B: *우와, 벌써 아빠빠빠빠~라고 한다고요? 말이 빨리 트였나 봐요!*

A: *그런가요? 너무 기분이 좋아요.*

B: *좋아하시는 걸 보니 저도 기분이 좋아요.*

이렇게 대화하면, 상대는 한층 더 대화에 즐거움을 느낀다. 단, 반응의 말에는 공감이 들어가야 한다. 단순히 말을 받아 반복하면 역효과가 나기 십상이다. 진실한 맞장구는 표정과 몸짓, 말투 등에 고스란히 반영되며, 감정에 대한 반응을 받는 경우에는 발언 횟수가 27% 증가한다.

또한 맞장구에는 리듬이 있다. 맞장구라는 말은 우리나라 타악기인 장구를 두 사람이 마주 보며 신명 나게 치는 모습에서 유래했다.

혼자 치는 것보다 함께 쳐야 흥이 나고 재미나다. "정말 그렇군요!", "와! 대단하다."와 같은 맞장구가 대화에 있어서 흥을 돋우는 요소일 것이다. 맞장구는 대화하는 사람끼리 리듬을 만들며, 신뢰감을 쌓게 한다.

시카고 대학교의 심리학과 교수 니컬러스 에플리는《마음을 읽는다는 착각》에서 '상대의 마음은 절대로 펼쳐진 책과 같지 않다. 서로를 더 이해하는 비결은 입장을 해석하는 능력이 아니라 상대가 자신의 마음을 솔직하게 털어놓을 수 있도록 공들여 관계를 맺는 것이다'라고 하였다. 이렇게 상대와 허심탄회하게 대화하기 위해서는 적재적소이 맞장구가 필수이다. 상대가 안심하고 하고 싶은 이야기를 할 수 있도록 하는 감각을 발휘하자.

상대의 마음을 헤아리면
사람을 얻는다

　세상에 나와 생각이 같은 사람은 단 한 사람도 없다. 그러므로 대화의 대전제는 '공통된 상식은 없다'가 되어야 한다. 그래야 어떤 상황에서도 상대를 원망하지 않을 수 있다. 그러나 상대의 마음을 헤아릴 수는 있다. 역지사지의 마음을 준비하자. 역지사지는 커뮤니케이션의 필수 요소로 마음을 헤아릴 수 있는 도구이다.

　1977년 스탠퍼드 대학교의 리 로스 사회심리학 교수는 다음과 같은 실험을 했다. "조이 식당에서 식사하세요!"라고 쓰여 진 광고판을 몸에 두르고 캠퍼스를 다닐 수 있는지를 참여자에게 물은 것이다. 동의한 참여자는 거절한 참여자에게 "왜 광고판을 걸기 싫은 거야?"라고 물었다. 그러자 거절한 참여자는 "너는 왜 광고판을 달겠다는 거야?"라고 반문했다. 이는 남도 나와 같은 생각일 거라고 착각하는 심리를 보여 주는 실험이다. 즉, 인간은 자신의 생각을 우선시하고 타인의 생각이 다르면 바꾸려는 속성을 갖고 있다. 역지사지하려면 의식적으로 노력해야만 한다는 뜻이다. 역지사지를 실천하려면 기존의 관점을 버리고 관점을 전환하려는 노력을 해야 한다. 내가 처한 상황에서 벗어나 상대를 바라보라. 물론, 관점을 바꾸는 건 쉽지 않다. 수치로 계량할 수 없는 상대의 마음을 헤아리는 심안(心眼)을 떠야 하기 때문이다. 아무리 멋있고 아름다운 말이라도 상대를 알아주지 못한 말은 화살처럼 되돌아올 것이다.

신뢰할 수 있는 관계를 심리학 용어로 '라포르'라고 한다. 마음이 통하는 순간이 바로 라포르가 형성된 순간이다. 라포르는 이성적이고 논리적인 것이 아니다. 회사 생활을 돌이켜보자. 함께 일하는 동료와 라포르가 형성된 순간은 언제인가? 현란한 말솜씨나 특별한 말재주가 있어서 동료와 라포르를 형성하는 게 아니라, 처한 상황이 같아 상대의 입장이 온전히 이해될 때 라포르가 형성될 것이다. 이런 공감하는 능력만 갖추어도 소통의 달인이 될 수 있다.

'장사의 신'으로 불리는 라쿠 코퍼레이션의 우노 타카시 사장은 예의 있으면서 상대를 편안하게 하는 직원을 채용하는 걸로 유명하다. 업무 능력이 조금 부족해도 소통과 공감 능력이 뛰어나 고객의 마음을 센스 있게 알아채는 직원을 우선시하는 것이다. 구체적으로는 주문을 받거나 음식을 서빙할 때 고객과 편안하게 잡담을 나눌 수 있는 직원을 원한다. 우노 타카시 회장은 이런 직원이 소비자의 취향을 쉽게 파악하고, 고객 관리에 능하다고 말한다. 당신이라면 어떤 말투를 구사하는 직원을 뽑을 것인가? 땡볕이 내리 쬐는 날, 당신이 운영하는 편의점에 손님이 급히 들어와 사이다를 찾는다. 그런데 사이다가 다 팔려 하나도 없는 상황이다.

대화 예시

손님: *사이다 있나요?*

직원 1: 어쩌죠? 지금 사이다가 다 떨어지고 없네요. 죄송합니다.

직원 2: 지금은 없네요. 새로 주문해 놓을 테니 내일 다시 오세요.

직원 3: 사이다는 다 팔리고 없어서 죄송합니다. 대신 갈증 해소에 좋은 이온 음료가 있는데 어떠세요?

당연히 당신은 직원 3에게 후한 점수를 줄 것이다. 이렇게 상대의 의중을 파악해 대화하는 능력이 직장 생활에서나 일상생활에서 유리하다. 대화할 때 우리는 상대의 작은 떨림까지 섬세하게 포착할 수 있다. 소리로 표현되지 않는 언어다. 우리는 이러한 메시지를 헤아리기 위해 노력해야 한다. 시선이 변화하면 전에 보지 못한 풍경이 눈에 들어올 것이다. 상대 안에 있던 보이지 않는 메시지를 읽을 수 있을 것이다.

　관점을 바꾸어 질문하라. 이유를 알게 되면 동의하지는 못해도 이해는 할 수 있다. 타인의 말을 이해하기 위한 방법 중 '교류 분석 성격 이론'을 적용해 볼 수 있겠다. 상대를 대할 때 'OK, NOT OK'로 생각하는 방식이다. OK 방식은 상대방의 행동에 타당한 이유와 동기가 있고, 잘해내고 싶다는 욕구가 있다고 보는 태도이고, NOT OK 방식은 상대를 나태하고 게으른 사람으로 바라보는 태도에서 비롯한다. 사실 NOT OK는 상대를 이해하기 위한 질문이라기보다는 상대를 적으로 만드는 질문에 가깝다. 즉, 질문할 때는 답이 정해진 유도 질문을 하지 않아야 한다. 생각을 강요하지 않은, 최대한 상대에 대한 선입견을 배재한 질문을 하는 게 중요하다.

OK 방식	NOT OK 방식
· 잘해 보고 싶었던 거지? 속상했겠다. · 우리가 앞으로 함께할 수 있는 일은 뭘까? · 앞으로 더 해 보고 싶은 것이 있어? · 무슨 사정이 있었던 거지? 말해 줄 수 있니?	· 네가 할 수 있겠어? · 걔가 좀 원래 그렇잖아. · 이런다고 뭐가 달라지겠어. · 그럴 줄 알았어.

　간혹 상대가 나에 대해 불평을 늘어놓는 경우가 있다. 이럴 때는 변명하거나 이유를 대기보다 먼저 상대의 감정을 인정하자. 그리고 앞

으로 어떻게 해야 할지에 초점을 맞추자. 그래야 관계가 발전한다. 변명은 문제 해결에 일절 도움이 되지 않는다는 걸 명심하라.

대화 예시 1. 변명하는 말투

팀장: *이번 보고서에 내용이 좀 부실한 것 같은데, 어떻게 된 거지?*

부장: *다른 팀에서 자료 제공이 미흡했습니다. / 박 과장 말로는 이게 전부라고 하던데요. 거의 차이가 없다고 합니다. / 이건 제 잘못이 아닙니다. 다른 부서가 저에게 알려주어야 했어요.*

대화 예시 2. 문제를 해결하고자 하는 말투

팀장: *이번 보고서에 내용이 좀 부실한 것 같은데, 어떻게 된 거지?*

부장: *부장님 말씀이 맞습니다. 자료의 양이 부족했습니다. 다시 보완하겠습니다. / 기대하셨던 보고서를 못 드려 죄송합니다. 다시 자료 보완해서 보고 드리겠습니다. / 좋은 피드백 감사드려요. 다시 수정하겠습니다.*

상대가 잘못을 저질렀을 경우에도 상대를 무조건 비난하지 않아야 한다. 상대의 처지를 헤아려 대화해야 관계를 원만하게 이끌어 나갈 수 있다.

상대를 비난하는 말투	상대를 헤아리는 말투
· 왜 이렇게 한 거지? 이게 뭐야? · 대체 무슨 생각인 거야? · 왜 이리 서투르지? · 뭐가 어렵다고 이래? · 무슨 다른 고민 있어? · 네가 하는 일은 매번 이렇더라. · 이번에도 여지없구나. 실망스러워. · 또 실수하면 용서하지 않겠어.	· 잘해 보고 싶었을 텐데. 그때의 네 생각은 어떤 거였니? · 우리가 같이 책임져야 하는 부분은 무엇일까? · 앞으로 더 해 보고 싶은 일이 있어? 도울 수 있는 거면 도울게. · 무슨 사정이 있었던 거야? 도울 일 있니?

중국 초나라의 전략서인《귀곡자》에는 '현명한 자와 부족한 자, 지혜로운 자와 어리석은 자, 용맹한 자와 비겁한 자, 어진 자와 의로운 자에게는 제각각 장단점이 있다. 따라서 상대에 따라 다르게 대해야 한다. 또한, 성숙한 대화를 할 줄 아는 사람은 상대에 맞추어서 이야기하는 사람이다'라고 했다. 상대의 처지를 헤아리는 질문을 하자. 멀게만 느껴졌던 상대가 알아서 다가올 것이다.

밝은마음은
전이된다

    긍정적인 말투를 사용하는 사람과 대화하면 덩달아 기분이 좋아진다. 과학적으로도 긍정의 말투를 사용하면 뇌에서 옥시토신과 세로토닌 등의 행복 호르몬이 분비되어 기분이 좋아진다고 한다. 또한 긍정의 말투는 손상된 신경 세포를 복원시키기도 한다. 외상성 뇌 손상 연구를 30년간 해 온 캐롤라인 리프 박사는 부정적 생각들이 뇌세포를 불균형에 빠트려 몸에 병증까지 일으킨다고 밝히며, 실제로 3주간 긍정적 생각만을 하게 하는 치료로 망가진 뇌세포가 회복되는 걸 보여 주었다.

대화 예시

    A: 이번 프로젝트를 자네에게 맡겨도 되겠는가? 이번 일이 회사에

미치는 영향이 큰데.

B: *일단 시작해 보는 것이 어떨까요?*

A: *자네가 과연 할 수 있을까?*

B: *네. 꼭 성과를 내겠습니다.*

A: *그럼 우선 시작해 보자고. 잘 부탁하네.*

B: *열심히 해서 꼭 성과를 내겠습니다!*

긍정적인 말투를 구사한 경우다. 긍정이라는 말이 식상하게 들리는 요즘이다. 그러나 그만큼 긍정은 중요하다. 어차피 할일이라면 즐거운 마음으로 하라. 말로써 마음을 정하고, 마음으로써 긍정의 말을 하라. 긍정의 말은 이런 마음의 변화와 의지에서 비롯한다. 긍정적인 생각은 긍정적인 말을 낳고 부정적인 말은 부정적인 말을 낳는다.

자존감이 높은 사람일수록 긍정의 말투를 많이 사용한다. 밝고 희망적인 언어와 말투를 쓰는 사람일수록 낙천적이고, 자신에 대한 믿음을 갖고 있다. UN이 인정한 '버츄 프로젝트(virtue project)'에서는 긍정의 단어 52개로 아이들을 긍정적으로 변화시킨 바 있다. "너는 보물이야."와 같은 존재에 대한 감사와 능력의 탁월함을 인정하는 긍정의 말을 반복한 덕분에, ADHD를 앓는 아이, 폭력적인 아이 모두 개선한 것이다. 또한, 이 프로젝트는 긍정적인 기대가 좋은 결과로 이어지는 피그말리온 효과를 입증했다. 긍정의 말투를 사용해야 하는 이유이다. 하버드 대학교 의과 대학 교수 니컬러스는 "인간이 생각하고 느끼는 감정은 친구뿐 아니라, 친구의 친구에게까지 영향을 미친다. 불행한 사람은 불행한 사람끼리 모이고, 행복한 사람은 행복한 사람끼리 모인다. 행복해지려면 행복한 사람 옆에 있어라."라고 말하며, 행복한 친구를 둔 사람이 그렇지 않은 사람보다 행복해질 확률이 42%라고 밝혔다. 사람의 감정은 전이된다. 우울할 때 웃는 사람을 마주하면 우울한 마음이 사라진다.

"마음에 안 드세요?"는 평소 우리가 잘 사용하는 부정적 말투다. 상대의 의중을 신중하게 판단하려는 마음에서 나온 말투일 수도 있다. 하지만 이런 신중함도 습관이 되면 부정적인 말투를 쓰게 한다. 마음에 들었다가도 "마음에 안 드세요?"라는 소리를 들으면 확신이 흔들리며 사고 싶지 않아진다. 부정적 말에 불안한 마음이 생겨 구매를 미루게 된다. 실제로 자주 한탄하면 하던 일이 꼬이는 경우가 많다. 부정적인 말이 뇌세포를 둔화시키기 때문이다. 자신감 부족과 평계로도 이어지며, 타인에게 좋은 이미지를 줄 수 없게 된다. 약간의 동정심을 자아낼 수는 있을지 몰라도 잃는 게 훨씬 많을 것이며, 자칫 별것 아닌 사람, 무시당하는 사람으로 남을 수도 있다.

사용하는 말투에 따라 타인의 해석이 달리 된다는 걸 명심하자. 물론, 습관적으로 부정적인 말투를 사용하는 걸 단번에 개선할 수는 없다. 신경 써서 말하고, 나쁜 방향으로 말하는 습성을 서서히 개선하라. 다음 예를 보며, 부정적인 말을 습관적으로 사용한다면 긍정적인 말로 바꾸자.

부정적 말투	긍정적 말투
· 넌 왜 그렇게 소심하니? · 넌 왜 이리 말이 많지? · 넌 너무 냉정해.	· 넌 참 신중하구나. · 넌 말로 표현을 참 잘하네. · 넌 맺고 끝맺음이 확실하구나.

대화 예시 1. 부정적 말투

A: 나 오늘 팀장님한테 혼나서 기분이 안 좋아. 나보고 일을 열심히 하지 않는다고 하지 뭐야.

B: 하여간 팀장님은 잘 알지도 못하고 그러신다니까. 팀장님은 항상 그런 식이셔.

A: 팀장님은 내가 하는 게 모두 마음에 안 드신 걸까?

B: 늘 그렇게 대하시는 걸 보면 그럴지도.

A: 팀장님 싫어.

B: 내가 더 싫어.

A: *나 오늘 팀장님한테 혼나서 기분이 안 좋아. 나보고 일을 열심히 하지 않는다고 하지 뭐야.*

B: *많이 속상했겠다.*

A: *어. 너무 속상해서 밥도 먹기 싫다.*

B: *팀장님이 너에 대한 기대가 높은가 보다. 네가 더 잘할 수 있다고 믿고 계시는 거야.*

A: *정말 그럴까?*

B: *그럼, 그럼. 항상 노력하는 너잖아.*

부정적 말투의 피드백은 상사와 동료의 갈등을 심화시키며, 왜 그런 지적을 받았는지에 대한 문제의 본질을 깨닫지 못하게 한다. 반면, 긍정적인 말투의 피드백은 문제 상황을 살피고 상사를 이해해 볼 수 있게 하는 단서를 제공한다. 결국 말하는 사람의 마음을 편안하게 하고, 문제의 본질을 꿰뚫게 하며 결과적으로 둘의 관계를 개선하게 한다. 넓은 시야로 상황을 전환시킬 수 있는 능력 또한 긍정적인 말투에서 나오는 것이다.

지친 하루를 마무리할 때, "아, 피곤해 죽겠어. 너무 힘들어."가 아니라 "오늘 최선을 다한 하루였다. 오늘도 수고했어."라는 긍정의 언어로 표현하자. 안 좋은 일이 일어난 날이라 할지라도 "나는 왜 이리 운이 없지. 정말 싫다."라고 말하기보다는 "오늘 참 많은 것을 경험했네. 다음에는 반드시 좋은 일이 많을 거야."라고 말하자. 부정적 상황을 긍정의 언어로 표현하는 것이다. 그러면 쾌감 호르몬이 나와 우리의 몸과 마음을 안정시킬 것이다. 공자는 '근자열, 원자래(近者說, 遠者來)'라 말하며, 가까이 있는 사람을 기쁘게 하면 멀리 있는 사람도 찾아온다고 하였다. 일상의 작은 노력을 통해 좋은 에너지를 충만하게 하자. 우리의 말에는 자신뿐만 아니라 타인의 삶을 좋게 바꿀 수 있는 힘이 있다.

PART

3

———

관계를 만드는 기적의 대화법 2

밝은 마음 만들기
프로젝트

아침에 쾌활하게 "안녕? 좋은 아침!"이라는 인사를 들으면 기분이 좋아진다. 밝은 말투에는 귀를 기울이게 하는 힘이 있으며, 대화의 시작 또한 즐겁게 한다. 당신은 말속에 어떤 기운을 담고 있는가? 사람의 기분을 좋게 하는 기운인가, 갈등을 유발하는 기운인가?

텍사스 주립 대학교 심리학 교수 아트 마크먼은 "우리를 똑똑하게 행동하도록 이끄는 것은 생각의 습관이다."라고 말했다. 생각도 후천적 노력에 의해 계발된다는 것이다. 뇌는 자신이 한 말과 행동의 습관을 그대로 받아들인다. 매일을 알차고 내실 있게 살지, 우울하고 괴로운 마음으로 살지는 전부 자신에게 달렸다. 삶의 긍정적인 면을 들여다보라. 그리고 습관화하라. 그렇다면 밝은 마음을 만들기 위해서는 어떻게 해야 할까?

첫째, **밝게 인사한다.** 사람의 첫 만남은 인사에서 시작한다. 내가 상대를 향해 밝게 인사하면 상대도 내게 밝게 인사를 건넬 것이다. 그리고 밝게 말을 이어갈 것이다. 사람을 만나는 것을 두려워하는 사람이라면 의도적으로 더 밝게 인사하자. 살짝 웃으며 인사하는 건 훌륭한 인사법이 아니다. 인사는 예의 바르기보다 밝고 친근해야 한다. 낯선 상대와 인연을 만드는 계기가 될 것이다. 어설픈 인사, 대충 하는 인사는 인간관계의 적이다.

대화 예시

A: *안녕? 좋은 아침! 오늘 스카프 화사해서 잘 어울린다.*

B: *안녕! 고마워. 어제 백화점에서 할인하더라고. 그래서 하나 샀어.*

A: *이제 봄도 오고, 색이 밝아서 얼굴이 환해 보인다. 노란색이 꼭 개나리 같아!*

B: *그래? 이제 정말 봄이 오는구나. 시간이 이렇게 빨리 지나가네.*

A: *우리가 벌써 입사한 지 5년이나 되다니. 시간이 쏜살같네.*

B: *벌써 그렇게 되었나? 시간 빠르다. 커피 다 마셨어? 우리 어제 하던 회의, 마저 할까?*

둘째, **칭찬한다.** 앞서 말했듯이, 칭찬은 나와 상대 모두에게 좋은 기운을 전한다. 결과가 미흡하면 과정을 칭찬하고, 작은 성과라도 냈다면 콕 집어 칭찬하자. 관찰력은 타인의 결점을 찾기 위함이 아니다. 트집을 잡기보다 좋은 점을 볼 줄 알아야 한다.

셋째, **밝은 말투와 화법을 습관화한다.** 사람들에게 사랑받는 말투가 있다. 다음 예를 살피고, 의식적으로 연습해 습관화하자.

밝은 마음 말투	실천 법
· 음성은 생기 있게 한다. · 즐거운 이야기를 한다. · 표정은 밝게 한다. · 상대의 장점을 칭찬한다. · 추상적인 이야기를 하지 않는다. · 잘난 척하지 않는다. · 나만 아는 유머를 쓰지 않는다.	· 목소리 톤을 높인다. · 상대의 관심사를 이야기한다. · 이야기 소재를 다양하게 한다. · 웃는 얼굴 또는 미소를 짓는다. · 구체적으로 칭찬한다. · 남의 험담은 피한다. · 구체적인 예를 들어 말한다. · 상대에게 배우는 자세를 지닌다. · 모두가 즐거워야 유머임을 명심한다.

넷째, **부정적 감정을 인정하고 중압감을 이겨 낸다.** 중압감은 아직 일어나지 않은 일에 대한 두려움에서 기인한다. 그리고 인간은 두려움을 느끼면 세로토닌의 분비량이 줄어 부정적인 감정이 증폭된다. 우리는 이 부정적인 감정에 동요되지 않도록 노력해야 한다. '내가 지금 두려움을 느끼고 있구나. 나는 지금 긴장하고 있구나.'라고 인정하자. 그러면 일단 두려움은 더이상 증폭하지 않는다. 뇌가 부정적인 감정

을 인지하는 빈도가 줄어들기 때문이다. 심리학 용어로, 여러 가지 쓸데없는 생각으로 일어날 가능성이 희박한 일을 자꾸 걱정하는 것을 '마인드 원더링'이라고 한다. 연구에 따르면 무언가를 하는 동안 집중하지 않고 딴생각을 많이 하는 사람일수록 행복 지수가 낮다고 한다. 알 수 없는 결과에 집착하면서 부정적인 감정에 휩싸이기 때문이다. 마인드 원더링 상태에 놓여서는 행복해질 수 없다. 두려움에 대해 무관심해질 수 없다면 인정해 버리자. 그리고 지금 해야 할 일에 집중하자. 현재에 집중하는 노력으로 강한 멘털을 장착하자.

대화 예시

A: *이번 프로젝트 너무 힘드네. 끝까지 마무리할 수 있을까?*

B: *이번 과제로 걱정이 많은 가 보구나.*

A: *응. 다른 팀에서도 기대가 크고, 잘하고 싶고… 불안하네.*

B: *그렇구나. 네가 책임감이 강해서 그래. 그래도 너무 부담 갖지 말고 조금만 더 힘내 봐.*

A: *과연 내가 잘 해낼 수 있을까?*

B: *그럼, 그럼. 너라면 잘할 수 있어. 기운 내! 할 수 있어!*

다섯째, **강력한 긍정의 주문을 되새긴다.** 말투를 바꾸면 인생을 긍정적으로 이끌 수 있다. 말 습관부터 긍정적으로 길들이자. "다 해 봤는데 소용없어."라고 말하며 포기하지 말자. 문제에 봉착했다면 "나는 해결할 수 있어!"라고 말하자. 그 순간 문제 해결에 한 발짝 나아갈 수 있을 것이다. 또한, 이런 긍정적인 말은 불안감을 가라앉히고 자신감을 북돋는다. 심리학자 빅터 프랭클은 "더는 상황을 바꿀 수 없다면 우리 자신을 바꾸는 수밖에 없다."라고 했다. 환경은 내가 원하는 대로 바꿀 수 없지만, 환경 속의 조건은 우리가 선택할 수 있지 않은가. 그리고 그 선택은 온전히 우리의 몫이다. 모든 것이 우리의 의지 선택이다. 긍정이란 숫자나 확률로 보는 것이 아니라 약간의 가능성이라도 찾는 것이며, 가능성이 없다면 의미를 찾아 자신을 밝은 쪽으로 바꾸는 신념이다.

인생의 밝은 면을 바라보고 싶다면 그에 어울리는 말투를 갖추자. "피곤해 죽겠어."가 아니라 "오늘도 최선을 다한 하루였어.", "왜 이렇게 운이 없지?"가 아니라 "내일은 더 나을 거야!"라고 말한다. 긍정의 언어로 바꾸어라. 그리고 습관화하라. 긍정의 습관이 모여 밝은 마음이 만들어진다.

꿈과 비전이 있는 대화가
미래를 만든다

　삶의 방식과 가치관은 말투에 그대로 드러난다. 꿈과 비전이 있는 사람은 말투도 밝고 희망차다. 목표를 향해 도전하는 과정에 자신감과 보람이 있기 때문이다. 같은 내용이지만 "할 수 있어!"라고 이야기하는 사람과 "정말 그럴까?"라며 의구심과 부정적인 생각을 품는 사람의 인생은 다를 수밖에 없다. 당신은 어떤 말투를 구사하는가. 밝은가, 어두운가? 꿈과 비전을 이야기하는가, 의구심에 대해 이야기하는가? 말투를 살피는 게 자아 성찰의 기회가 된다. 늘 명랑하게 말하는 사람이 있다. 이들은 아프거나 방황하거나 인간관계에 문제가 있을 때조차 밝고 명랑하다. 이는 부정적인 환경에 휘둘리지 않고 살아왔다는 증거다. 무사태평해서가 아니라, 인격과 인품을 갖추기 위해 노력한 사람이다.

혁신의 아이콘 스티브 잡스는 신제품을 발표할 때마다 "One more thing."이라고 말했다. 지금까지 보여준 게 전부가 아니라는 말이며, 더 나은 것을 위해 노력하겠다는 의지를 담은 말이다. 잡스는 자신의 일에 관해 "노동은 인생의 대부분을 차지합니다. 그 속에서 진정한 기쁨을 누릴 수 있는 방법은 스스로가 위대한 일을 한다고 자부심을 갖는 것입니다. 지금까지 찾지 못했거나, 잘 모르겠어도 포기하지 마세요. 반드시 찾을 수 있습니다. 일단 찾게 되면 시간이 흐를수록 더욱 깊어질 것입니다. 포기하지 마세요. 현실에 주저앉지 마세요."라고 말하며, 투병 중에도 꿈에 대해 이야기했다. 이토록 꿈을 이루며 사는 사람의 말투는 밝다. 꿈을 이루는 과정 자체에서 편안함과 감사가 저절로 우러나오기 때문이다. 우리는 인생의 보람을 느끼기 위해 노력해야 한다. 미국 대통령 자유훈장을 받은 작가이자 배우인 마야 안젤루는 "자신을 좋아하게 되는 것, 자신이 하는 것을 좋아하게 되는 것, 그리고 그 걸어온 길을 좋아하게 되는 것. 그것이 성공이다."라고 말했다. 이렇게 매 순간 자신을 소중히 여기고 자신이 원하는 삶을 걷는 사람은 밝고, 말투에서도 확신이 느껴진다. 자신의 꿈을 진지하게 찾을 수 있는 대화법을 살펴보자.

첫째, **성공한 리더의 대화법을 익히자.** 리더는 타인과 꿈과 희망에 대해 이야기하기를 즐긴다. 타인과 인생에 관한 대화를 하면, 관계도 깊어질 뿐 아니라 나의 꿈도 조금 더 명확히 할 수 있다. 다음은 목표를 찾기 위한 다섯 가지 대화법이다.

목표를 찾기 위한 대화법

· 기쁨과 만족을 느낀 시기와 사건에 대해 이야기한다.
· 상대의 이야기를 듣고 생각난 것을 메모한다.
· 꿈을 반복해서 말하고, 상상한다. 머릿속으로 한 편의 그림으로 그려 본다.
· 원하는 것을 이룰 수 있다고 믿고 서로를 응원한다.
· 소명을 발견한다. 내가 살아야 할 이유를 명확히 말한다.

대화 예시

A: 요즘 살면서 언제가 가장 행복해? 기분이 좋아질 때라고나 할까?

B: 언제가 있었지? 난 퇴근 후에 혼자 맥주 마시며 책 읽는 시간이 정말 좋아.

A: 요즘 무슨 책 읽는데?

B: 응~ 《혼자 쓰는 글씨》라고 캘리그라피 책인데 취미로 글씨도 써 보려고.

A: 와! 멋지다. 캘리그라피로 해 보고 싶은 게 있어?

B: 응. 나중에 카페 같은 곳에 글씨 써 주는 일을 해 보고 싶어.

A: 정말 멋있다. 나도 배워 보고 싶네. 캘리그라피의 매력은 뭐야?

B: 좋은 글귀와 예쁜 글씨로 다른 사람을 행복하게 해 준다는 게

매력이더라고. 보람도 있고. 나도 덩달아서 행복해지는 느낌이었
어.

A: *열심히 해 봐. 너랑 정말 잘 어울려.*

B: *고마워. 예쁘게 써서 네게도 선물할게.*

둘째, **꿈이 이루어졌다는 '완성형 말투'를 사용한다.** 꿈의 방향을 명확하게 하고, 날마다 성공을 확언하자. 김영삼 전 대통령은 중학생 시절 책상에 '미래의 대통령 김영삼'이라는 글귀를 써서 붙여 놓았다. 그리고 빌 게이츠는 10대 때부터 모든 가정에 컴퓨터가 한 대씩 설치되어 있는 장면을 구체적으로 상상하며, "반드시 그렇게 만들고 말겠어!"라고 외쳤다. 두 사람 모두 꿈을 선명하게 그리고 할 수 있다는 확언을 반복한 것이다. 이렇게 기회가 눈앞에 있다고 믿으면 현실이 된다.

미국 심리학회 회장이었던 마틴 셀리그만은 수영 선수들에게 훈련 때 원래 기록보다 1초씩 늦다고 알려주고 그들의 대응 행동을 기록했다. 대부분의 선수는 떨어진 기록에 상심했다. 그러나 매트 비욘디는 달랐다. 오히려 더 꿋꿋하게 훈련하며 날마다 "나는 승리자다!"라고 말했다. 이를 보고 셀리그만은 그의 우승을 예측했고, 실제로 비욘디는 올림픽에서 총 12개의 금메달을 목에 걸었다. 꿈을 이루는 사람의 공통점은 이렇게 자신의 승리를 확신하고, 자신을 이미 성공한 사람으로 여긴다. 항상 긍정적으로 생각하고 희망과 꿈을 이야기한다.

대화 예시 1. 꿈이 없는 대화

A: *넌 대학 졸업하고 뭐 할 거야?*

B: *그냥 회사에 취업하려고.*

A: *그렇구나. 어떤 회사에 취업할 생각이야?*

B: *그냥 신입 공채 뜨는 거 보고 지원하려고.*

대화 예시 2. 꿈이 있는 대화

A: *넌 대학 졸업하고 뭐 할 거야?*

B: *신입 공채 뜨면 지원하려고.*

A: *그렇구나. 어떤 회사에 지원할 생각이야?*

B: *요즘 인공지능이나 빅데이터에 관심이 생겨서 그쪽으로 준비하고 있어.*

A: *멋있다. 벌써 준비를 시작했구나. 진짜 잘되었으면 좋겠다.*

B: *고마워. 이번에 자격증도 따려고. 열심히 해서 꼭 해낼게.*

셋째, **꿈에 대한 부정적인 생각을 끊어낸다.** 모든 일은 말의 영향을 받는다. 뇌의 자율신경계가 자주 하는 말에 반응하기 때문이다. "난 못해. 이걸 해서 뭐해? 난 미래가 없어."와 같은 말을 자주 사용하면 뭘 해도 안 되고 점점 안 되는 방향으로 흐르며, 그 종착지는 깜깜하고 불안한 미래일 것이다. 부정적인 생각이 말로 이어지려 할 때는 의식적으로 끊어내자. 떠오르는 즉시 말이다. 그러고는 "난 반드시 할 수 있어! 난 운이 좋아."라고 말하자. 긍정적인 미래의 모습을 적극적으로 상상하자.

사고방식을 긍정적으로 바꾸는 것만으로도 우리는 현실을 긍정적으로 바라볼 수 있으며, 말투도 달리할 수 있다. 뇌가 상황에 따라 변화하기 때문이다. 또한, 비전이 없는 대화야말로 삶을 무기력하게 만든다. 사람들과 꿈과 비전에 대해 이야기하고, 꿈을 확언하는 말 습관을 갖자. 그래야 앞으로 나아갈 수 있다. 그리고 사람들과 다음 대화를 기대할 수 있다.

겸손은
성장을 위한 무기다

겸손은 단순히 자신을 낮추는 게 아니라, 자기 확신을 바탕으로 자신보다 높고 큰 존재를 품는 자세를 말한다. 기본적으로 자신감이 장착되어 있어야 가능하다. 이른바 '천천히 드러나는 느린 자신감'이다.

겸손한 사람은 자신의 부족함을 잘 알기에 스스로를 낮출 줄 알고, 마음이 열려 있으며 공손하다. 2020년 영화 〈기생충〉으로 오스카상을 수상한 봉준호 감독은 단상에 올라 "나는 마틴 스코세이지 감독에게 영향을 받았다."라며, 결코 혼자 성장한 게 아님을 고백했다. 그리고 쿠엔틴 타란티노 감독에게도 고마움을 전했다. 거장의 겸손함이 빛나는 순간이었고, 많은 사람이 감명을 받았다.

겸손하지 않은 리더의 조직은 '울며 겨자 먹기 식'의 조직 문화가 형성되어 버린다. 일을 잘하기 위한 방법이 아닌, 조직 내에서 나의 우월함을 증명하려는 방법을 선호하기 때문이다. 이런 문화 속에서는 직원이 역량을 발휘하기가 힘들다. 예를 들어, 윽박지르는 상사 때문에 고충이 있는 부하 직원들은 더는 자신의 의견을 표하지 않을 것이다. 회사의 시스템을 합리적으로 만들 수 있는 기회를 잃게 되는 꼴이다. 자유롭게 건의할 수 있는 문화를 가진 조직은 즉각적으로 문제를 개선하며, 외부와의 협력도 유연하다. 즉, 리더는 일을 원활하고 합리적으로 하기 위해서라도 겸손함을 겸비해야 한다.

말투 하나로 자신을 디자인할 수 있다는 것을 명심하라. '벼는 익을수록 고개를 숙인다'라는 속담처럼, 높은 위치에 오를수록 고개를 숙이자. 그러면 관계가 좋아지고, 합리적인 조직을 만들 수 있으며, 주변의 도움을 받을 수 있다. 고개를 숙이는 순간은 자존심을 버리는 게 아니라 타인을 존중하는 것이다. 겸손하지 않으면 늘 제자리에 머물게 될 것이다. 상대와의 소통이 사라지기 때문이다. 다음은 겸손한 사람의 말투이다.

겸손의 말투	겸손하지 않은 말투
· 이해하지 못했습니다. 다시 한번 알려주세요.	· 알지도 못하면서. 그냥 내 말이나 잘 들어.
· 다음에는 더 잘하겠습니다. 응원해 주십시오.	· 됐어. 그럴 바엔 그만둬.
· 조언 부탁드려요.	· 알았어. 귀찮으니 저리 가.
· 미처 생각을 못했습니다.	· 뭘 안다고 그래?
· 다른 대안을 고민하겠습니다.	· 이 정도면 된 거 아냐?

첫째, **언제나 배운다는 생각으로 임한다.** 항상 상대에게 한 수 배운다는 마음가짐으로 대화한다. 상대에 대한 존경의 마음이 자리 잡으면 상대도 당신의 말에 조금 더 귀를 기울일 것이다. 당신의 진심이 느껴지기 때문이다. 누구에게나 배울 수 있음을 상기한다. 자연스럽게 겸손함을 갖출 수 있다.

둘째, **진실을 말한다.** 겸손하기 위해 말해야 할 진실은 두 가지이다. 솔직한 자신의 마음과 오류이다. 대화할 때 가식적으로 자신을 낮추거나 포장하는 건 금물이다. 상대는 당신을 신뢰하지 않을 것이다. 그리고 오류와 실수를 고백하는 용기도 필요하다. 부족한 점을 인정하는 게 약점이 되지 않을까 싶겠지만, 절대 그렇지 않다. 오히려 정직하고 배우려는 자세를 갖춘 사람으로 인식할 것이다. 겸손한 마음은 상대와 강력한 공감대를 형성하게 한다.

잘 모를 때는 "솔직히 잘 이해하지 못했습니다. 더 공부하겠습니다."라고 말하자. 내가 무엇을 알고 모르는지를 밝힐수록 결과적으로는 당신의 의견에 무게가 실릴 것이다. 모르는 것을 아는 척하거나, 실제보다 잘 아는 것처럼 행동하면 결국 신뢰를 잃는다.

대화 예시

A: *이번 프로젝트 건으로 말씀드릴 게 있습니다.*

B: 네, 뭔데요?

A: 이 방법은 좀 합리적이지 않은 것 같아서요. 품질 부서와 데이터 분석을 다시 했으면 합니다.

B: 아, 그렇군요. 내가 미처 몰랐네. 이야기해 줘서 고마워요.

A: 아니에요. 다시 한번 검토하시는 편이 좋을 것 같아서요.

B: 네, 바로 보완해서 수정하겠습니다.

리즈 대학교의 발달 심리학 교수 아만다 워터맨은 5~8세 사이의 아이에게 질문을 던졌다. 그러자 75%의 아이가 답을 알지 못하면서도 '예' 또는 '아니오'로 답하는 것을 보았다. 성인에게서도 같은 데이터를 얻었다. 모든 인간은 모른다는 말을 꺼려한다는 사실을 알 수 있는 실험이며, 모른다고 말하는 것도 의식적으로 습관화해야 한다는 걸 의미한다. 아는 척하는 태도는 오히려 생산성을 저하시킨다. 실제로 성인 네 명 중 한 명은 제대로 알지 못하는 내용을 아는 척하며, 이들의 아는 척하는 이유는 바로 거짓이 들통날지 모른다는 두려움에서 기인한다. 또한 이들 중 25%는 이런 두려움조차 느끼지 못한다. 스티븐 레빗, 스티븐 더브너의 《괴짜처럼 생각하라》에는 사람들이 가장 어려워 하는 말은 "잘 모르겠습니다."라고 했다. 그만큼 아는 척하지 않는 건 생각보다 어려운 일이다. 스티븐 레빗은 실제로 자신이 가르치는 MBA 과정이 학생들은 아는 것처럼 꾸미는 것에 매우 능숙하다며, 전문가인 척하고자 하는 유혹은 비즈니스의 세계에서 더 강하게 나타난다고 말했다. 그리고 이런 식으로 속이는 정신 자세는 완전히 비생산적이라고 일갈했다. 삶의 진정한 목표는 좋은 사람이 되며, 성장하고 배우는 것이다. 아는 척은 인간의 성장에 전혀 도움이 되지 않음을 명심하자.

겸손은 상대방에게서 배우려는 자세에서 비롯한다. 상대보다 우위에 서기 위해 아는 척하기보다 상대의 아래에서 상대의 입장이 되어 보라. 겸손의 말투를 장착하는 것은 성장의 강력한 무기가 된다.

사과는 가장 가치 있는 행동이다

살다 보면 누구나 잘못을 하고 실수를 저지른다. 흠 하나 없는 완벽한 사람은 존재하지 않는다. 그렇다면 사과는 언제 어떻게 해야 할까? 사과는 '깊다, 면하다, 끝내다'라는 의미의 謝에, '지난 과오'를 뜻하는 過를 쓴다. 즉, 사과란 이미 벌어진 과오를 새롭게 시작하는 것을 뜻한다. 다만, 잘못을 어떻게 수습하는가에 따라 전개는 전혀 다른 방향으로 펼쳐질 것이다. 잘못된 사과는 오히려 역효과를 낳는다.

사과하지 못하는 사람은 내면에 안정감이 결여된 경우가 많다. 사과하면 상대가 자신을 연약한 존재로 생각하게 된다고 여기며, 잘못이 약점이 되어 이용당할지 모른다고 생각한다. 그래서 자신의 잘못을 타인에게 떠넘기고 합리화하려 한다. 만약 이런 마음으로 사과한다면 피상적인 사과에 머물러 상대에게 신뢰를 주기 힘들 것이다.

화술과 비즈니스 유머 전문 작가 존 카도는 사과에 대해 "사과는 모든 희망과 불안함의 가면을 벗겨낸다. 사과할 때 인간은 가장 인간다워진다. 일상의 가면을 벗고 진실한 얼굴을 하게 된다. 약자나 패자의 변명이 아니라 '리더의 언어'로 바꿔야 한다. 사과란 잘못을 시인하고 용서를 구하는 행위 이상의 가치를 지녔다."라고 말했다. 즉, 사과는 자신이 책임져야 할 부분을 인정하고 분명하게 잘못을 표현해야 하며, 잘못에 대한 보상을 제안하고, 재발 방지를 약속해야 한다. 같은 실수를 반복하지 않는 행동으로 책임져야 하는 것은 물론이다.

영국 노팅엄 대학의 아벨러 박사는 인터넷 경매 사이트 이베이에 불만 글을 올린 고객 632명을 세 그룹으로 나누어, 불만을 철회하면 보상을 하겠다며 각각 다른 보상을 제시했다. 그러자 불만을 철회할 경우 '2.5유로 지급'에 동의한 사람은 25%, '5유로 지급'에 동의한 사람은 25%, "고객님을 만족시키지 못해 죄송합니다."라는 사과로 만족한 사람은 49%에 달했다. 즉, 사람은 보상보다는 진정한 사과를 원한다는 걸 알 수 있는 실험이다. 그렇다면 진정한 사과는 어떻게 해야 할까?

첫째, **정중한 태도로 예의 있게 사과한다.** 말의 톤과 옷차림에도 신경 써야 한다. 또한, 변명과 여타의 정보를 늘어놓는 건 금물이다. 정중하게 잘못을 시인하고, 개선책 제안과 화해를 요청하자. 나몰라라

하는 태도, '너도 잘못했잖아.'라는 식의 말투는 책임을 인정하지 않는 말투이며, 상대에게 상처를 줄 수 있다. 제대로 사과하는 사람이 승자임을 잊지 말자.

둘째, **타이밍을 놓치지 않는다.** 실수는 누구나 한다. 중요한 건 실수한 다음이다. 사과에도 유통기한이 있음을 알자. 사과의 골든타임은 바로 실수를 인지한 즉시이다. 시간을 오래 끌수록 본질이 흐려지고, 자칫 단순한 양보로 변질될 수도 있다. 진정한 사과는 상대를 무장해제시키고, 배타적이고 방어적인 태도를 누그러뜨리게 하고, 용서의 마음을 갖게 할 것이다. 사람은 속상한 마음을 이해받는 것만으로도 만족하는 법이다.

또한, 사과와 유감은 다르다. 사과는 특정 행위에 대해 잘못을 인정하고 반성하는 것을 말하며, 유감은 반성의 의미라기보다 아쉽고 후회가 된다는 의미다. "그래, 내가 잘못했다고 생각해. 하지만 네게 상처를 줄 의도는 없었어."라고 말하는 것보다 "내가 잘못했어. 진심으로 미안해."와 같이 명료하게 사과하는 것이 현명하다. 진정한 사과는 관계를 좋게 만들 수 있는 절호의 기회가 될 수도 있다.

진정성 있는 사과의 말투	진정성 없는 사과의 말투
· 정말 속상했지? 약속을 미뤄서 미안해. · 다음에는 꼭 약속 지킬게. · 정말 미안해. 내가 정말 잘못했어. · 다음부터는 절대 이런 일이 없도록 할게. · 너무 기다리게 했지!? 춥지 않았어? 정말 미안해.	· 차가 너무 늦게 와서 말이야. · 바쁘면 그럴 수도 있지. 너무 화내지 마. 오늘만 날도 아니고. · 많이 바빴어. 미안. 이해해 줄 수 있지? 이 정도도 이해 못하면 친구도 아니지.

대화 예시 1. 변명이 우선인 사과

A: 내일 우리 여행 가는 거 맞지?

B: 아, 그게 내일이었나?

A: 응, 춘천으로 가기로 했잖아. 내 생일 파티도 할 겸.

B: 아, 맞다. 미안. 급한 일이 생겨서 못 갈 것 같아.

A: 뭐라고? 못 간다고? 뭐야. 엄청 기대했는데.

B: 회사 일이 바빠서 그래. 미안. 회사에서 급한 일이 생기면 그럴 수 도 있지. 네가 이해해.

대화 예시 2. 진정성 있는 사과

A: 내일 우리 여행 가는 거 맞지?

B: 아, 그게 내일이었나?

A: 응, 춘천으로 가기로 했잖아. 내 생일 파티도 할 겸.

B: 아, 맞다. 미안해. 급한 일이 생겨서 못 갈 것 같아.

A: 뭐라고? 못 간다고? 뭐야. 엄청 기대했는데.

B: 회사에 갑자기 중요한 고객이 방문한다지 뭐야. 휴가를 쓸 수 없게
되었어. 정말 미안해. 나도 정말 가고 싶었는데, 내가 책임자여서
빠질 수가 없게 되었어. 미안해.

A: 갑자기 생긴 일이야?

B: 응. 몇 번이나 휴가를 쓰겠다고 팀장님께 말씀 드렸는데, 꼭 같이
참석해야 한다고 해서. 대신 다음 주에는 더 좋은 데로 가자. 속상
하게 해서 미안해.

A: 그래. 다음 주에는 꼭 가는 거다.

B: 응. 이번 일 잘 마무리하고 즐겁게 다음 주에 다녀오자. 이해해 줘
서 정말 고마워.

역지사지하며 사과하는 게 쉬운 일은 아니다. 그러나 우리는 사과
를 통해 성숙한 인간으로 성장하고, 상대와의 관계를 유지할 수 있다.
대화 내용을 곱씹어 보며 철저히 상대의 입장에서 생각하라. 사과는
불가능해 보이는 일을 가능하게 하는 유일한 대화법이자, 인간관계에
서 가장 가치 있는 말이다.

정성이 깃든 말에는
흡인력이 있다

대화라는 행위는 서로 다른 가치관과 세계관을 지닌 별개의 존재가 만나는 것이므로, 상대의 말 뿐 아니라 말 이외의 모든 언어를 경험해야 해 조금은 복잡하고 미묘한 성격을 띤다. 나누는 대화에 정성을 가득 담아야 하는 이유다. 호감과 비호감을 결정하는 데는 1분 남짓의 시간이면 충분하다. 당신의 쌓아온 다양한 경험과 고유한 가치관으로 인해 곧바로 호감형이 되지는 않는다. 소개팅을 상상해 보자. 상대는 아마 당신이 나타나 첫인사를 나누고 자리에 앉기까지 엄청난 호기심으로 관찰할 것이다. 마음에 든다면 당신은 상대를 사로잡아야 할 것이다. 바로 좋은 목소리와 첫인사말로 말이다. 실제로 첫인상과 첫인사로 인연이 이어지느냐 아니냐가 달렸다고 한다. 또한, 결정적 한마디는 흡인력을 발휘한다. 정성 있는 말에 상대는 경계심을 풀고, 당신을 한 번 더 만나고 싶어 할 것이다. 상투적인 말이 아닌 진심을 담은 말을 하자. "멋진 분을 뵙게 되어 영광입니다."와 같은 흔한 표현보다는 "친구 같은 느낌이시네요. 마음이 따뜻해집니다."와 같이 느낌을 담는 말이 참신하고 좋다.

대화 예시 1. 식상한 인사말

A: *안녕하세요. 만나 뵈어서 반갑습니다.*

B: *안녕하세요. 저도 만나 뵙게 되어 정말 반갑습니다. 이야기 많이 들었습니다.*

A: *아, 그러세요? 네, 저도 김 차장님께 이야기 많이 들었습니다.*

B: *네. 이번 프로젝트도 잘 부탁드립니다.*

대화 예시 2. 참신한 인사말

A: *안녕하세요? 만나 뵈어서 반갑습니다.*

B: *안녕하세요? 저도 만나 뵈어서 정말 반갑습니다.*

A: *지난번 싱가포르로 여행 가신다고 하셨잖아요? 재미있으셨어요?*

B: *네. 정말 재미있었어요. 날이 더워 좀 고생하긴 했지만요.*

A: *(눈을 동그랗게 뜨고) 아, 그러셨구나. 그래도 기분 전환도 되고 좋으셨겠네요. 부러워요. 저도 꼭 한번 싱가포르에 가 보고 싶네요.*

B: *네. 꼭 한번 가 보세요. 정말 볼거리가 많아요.*

A: *네. 나중에 싱가포르 어디가 좋은지도 꼭 들려주세요.*

B: *네~ 그렇게 할게요.*

커뮤니케이션 전문가들은 스티브 잡스의 표정과 제스처에 주목해 그를 보디랭귀지의 달인이었다고 밝혔다. 보디랭귀지는 커뮤니케이션에서 두 가지 중요한 역할을 한다. 바로 청중의 이목을 끄는 것과 말하고자 하는 바를 강조하는 역할이다. 대화는 온몸으로 이루어진다. 사람은 말소리에만 귀를 기울이지 않고, 표정과 얼굴 근육의 미세한 떨림, 눈썹의 움직임에도 귀를 기울인다. 비언어적 요소를 통해 상대의 속마음을 알 수 있기 때문이다.

대화 예시 1. 정성이 없는 말투

A: *안색이 안 좋네. 무슨 일 있어?*

B: *아니야. 별일 없어.*

A: *아. 그래? 다행이네. 그럼 이번 프로젝트 건으로 이야기할 시간 좀 돼?*

B: *(힘든 기색으로) 응. 알았어.*

대화 예시 2. 정성을 들인 말투

A: *안색이 안 좋네. 무슨 일 있어?*

B: *아니야, 별일 없어.*

A: *그래? 얼굴이 너무 창백한데. 체한 거 아냐? 속이 안 좋으면 탄산 음료라도 사다 줄까?*

B: *응. 사실 속이 많이 안 좋아. 토할 것 같아.*

A: *아이쿠, 큰일이네. 얼른 편의점에 가서 탄산음료 한 병 사다 줄게. 아니면 소화제 사다 줄까? 필요한 걸로 이야기해.*

B: *고마워. 네가 곁에 있어서 안심된다. 정말 고마워.*

언어학자 데이비드 크리스털에 의하면 인류의 언어는 6,000개가 넘으며, 자연재해와 인구 이동 등의 요인으로 100년 이내에 약 3,000개의 언어가 소멸할 거라 예상했다. 인류는 늘 생존을 위해 소통하며 살아왔다. 그리고 인류사에서 이런 노력의 하나가 바로 보디랭귀지이다. 언어가 통하지 않더라도 서로 소통해야 했기 때문이다. 그러므로 청산유수로 말하는 사람이 대화를 잘하는 게 아니라, 몸짓과 표정 등 비언어적 사인을 읽어내는 사람이 대화를 잘한다. 진심을 읽을 수 있는 능력이 있기 때문이다. 캘리포니아 대학의 앨버트 메라비언 교수는 상대에게 호감을 느낀 순간과 첫인상을 결정짓는 요소에 대해 조사한 뒤, 인간의 커뮤니케이션에서 말 자체가 차지하는 비중은 7%

밖에 되지 않는다는 걸 밝혀냈다. 구체적으로는 대화의 요소 중 목소리는 38%, 표정은 30%, 태도 20%, 몸짓 5%의 비중을 차지한다. 즉, 대화는 온몸으로 이루어진다. 그렇다면 대화의 자세는 어떠해야 할까?

첫째, **경청하고 있다는 신호를 보낸다.** 상대의 이야기를 듣고 있다는 신호를 온몸으로 보내자. 상대 쪽으로 살짝 몸을 기울이거나, 부담스럽지 않은 자리로 가까이 앉는다. 시선을 상대에게 두고, 끄덕이거나 맞장구친다. 이렇게만 해도 상대는 자신의 이야기를 듣고 있음을 충분히 안다. 내 얼굴과 양손이 어떤 위치에 있는지 점검하자.

둘째, **상대와 눈을 맞춘다.** 눈은 감정을 드러내는 중요한 기관이다. 그래서 우리는 눈빛만으로 감정을 공유할 수 있다. 대화의 절반은 말이 아닌 부분에서 나온다는 것을 인지하자. 훨씬 매끄럽게 소통할 수 있다. 간혹 바쁘다며 눈으로 보고서만 훑어보고 잘 듣지 않는 상사가 있는데, 이런 경우 아마 부하 직원은 상사가 자신의 의견을 묵살하고 있다고 생각할 것이다. 집안일하며 자녀의 이야기를 귓등으로 듣는 것도 일반적인 사례다. 이도 자녀는 부모에게 더는 진심이나 처한 상황을 이야기하지 않게 될 것이다.

정성껏 들어주면 돌부처도 돌아본다고 한다. 대화에 정성을 다하자. 인간관계가 좋아진다. 사람을 움직이는 것은 사랑하는 마음뿐이다. 정성껏 상대가 보내는 사인을 읽어내고, 눈을 맞춰 공감하는 마음을 드러내자.

감사의 마음을 전하면
조력자를 얻을 수 있다

인간은 감사함을 쉽게 망각한다. 잃고 나서야 후회하고 그 중요성을 깨닫는 일도 많다. 건강을 잃고 나서야 건강의 중요성을 깨닫듯이 말이다. 우리는 말을 배울 때부터 감사하다는 말을 하도록 배운다. 그러나 정작 성인이 되어서는 감사하다는 말을 잘 하지 않는다. 감사를 말로만 배웠지, 감사의 마음은 배우지 않기 때문이다.

일이 갈수록 꼬이기만 하는 것을 '머피의 법칙'이라고 한다. 이에 조셉 머피 박사는 "하루에 한 번은 자신이 받은 은혜에 감사하라. 은혜가 끊이지 않을 것이다."라고 했다. 사소한 일에도 감사하라. 그러다 보면 감사할 거리가 더 많이 눈에 띄고, 일상이 감사함으로 넘칠 것이다. 감사한 마음을 가진 행복한 사람에게는 좋은 사람이 모이는 법이다. 캘리포니아 대학의 로버트 에먼스 교수는 16년간 감사를 습관화한 학생들을 관찰했다. 참가자들을 두 그룹으로 나누어 한 그룹에는 총 10주간, 매주 다섯 개씩 감사할 거리를 적게 하고, 한 그룹에는 걱정거리를 적게 한 것이다. 그리고 감사를 생활화한 그룹이 그렇지 않은 그룹보다 2만 5천 달러의 연봉을 받는다는 결과를 얻었다. 수명도 감사를 생활화한 그룹이 9년 더 길었고, 수면의 질이 좋았으며, 감기, 두통에 시달리지 않았다. 또한, 이웃을 돕고자 하는 의욕이 더 컸고, 사람들과 좋은 관계를 맺고 있었다. 감사의 긍정적인 효과가 과학적으로도 증명된 셈이다.

또한, 심리학자 리처드 와이즈만 교수는 자신이 운이 좋다고 믿는 사람과 운이 나쁘다고 믿는 사람을 모아, 신문 속에 사진이 몇 장 들어 있는지를 분석하게 했다. 그러고는 사진의 개수가 아닌, 신문 속 광고 전단을 발견했는지를 물었다. 그 결과 운이 좋다고 믿는 사람은 80%가 전단을 발견했고, 운이 나쁘다고 믿는 사람은 20%만 전단을 발견했다. 왜 이런 결과가 나왔을까? 그건 운이 나쁘다고 믿는 사람은 사진을 찾는 데만 급급했고, 운이 좋다고 믿는 사람은 마음에 여유가 있어 시야가 넓었기 때문이다. 이렇게 긍정적인 사람은 자신이 찾는 것 이상을 볼 수 있어 기회를 잘 포착하고 실제로 운이 좋다. 의식적으로 불평하기보다 감사하자. 불평의 말투를 감사의 말투로 바꾸어 표현하자. 다음은 불평의 말투를 감사의 말투로 바꾼 예이다.

불평의 말투	감사의 말투
· 오늘은 정말 되는 일이 없다. · 너무 바빠서 죽을 것 같아. · 왜 나만 이 일을 해야 하지? · 저 사람 너무 싫어. · 잠이 너무 부족해서 짜증이 난다.	· 오늘도 많이 배워서 감사하다. · 오늘 하루를 알차게 보낼 수 있어 감사하다. · 이 일에 내가 가장 적임자여서 감사하다. · 저 사람의 저런 모습을 배울 수 있어 감사하다. · 이번 주말엔 푹 쉴 수 있어 감사하다.

'덕분에'라는 형용사를 사용하면 감사의 말투를 실천할 수 있다. 상대를 신나게 만들어 기꺼이 조력자가 되어 주고 싶은 마음을 유발할 수 있다. 감사의 말은 거창할 필요가 없다. 진심을 담은 말이면 충분하다.

대화 예시

A: *이번 프로젝트로 정말 고생이 많았네.*

B: *감사합니다. 부장님 덕분입니다.*

A: *내가 한 일이 뭐가 있다고. 수고 많았어.*

B: *부장님께서 제가 기운 잃지 않도록 도와주신 덕분입니다. 끝까지 해낼 수 있게 믿어 주셔서 감사합니다.*

A: *그렇게 생각해 주니, 내가 더 고맙네.*

B: *앞으로도 열심히 하겠습니다.*

A: *선생님 감사합니다. 선생님 덕분에 아이 성적이 많이 올랐어요.*

B: *정말 잘되었네요. 열심히 가르친다고 했는데 성적이 잘 나왔다니 기쁩니다.*

A: *모두 선생님께서 잘 지도해 주신 덕분입니다. 감사합니다.*

B: *아이가 열심히 해서죠. 이렇게 말씀해 주시니 감사합니다.*

A: *앞으로도 잘 부탁드려요. 선생님.*

B: *더 열심히 지도하겠습니다.*

말투를 다듬는 건 좋은 나로 만들어 가는 과정이며, 많은 사람이 감사의 마음을 갖기 위해 '감사 일기'를 쓴다. 다음 질문으로 감사 일기를 써 보자.

감사 일기를 위한 질문

· 오늘 누구에게 고마웠는가?
· 오늘 나를 지지해 주고 응원해 준 사람은 누구였는가?
· 오늘 감사했던 일 일곱 가지는 무엇인가?
· 오늘 나를 포용적으로 행동하도록 만들어 준 사람은 누구였는가?
· 오늘 나에게 깨달음을 준 사람은 누구인가?
· 오늘 가장 기분 좋았던 일은 무엇인가?

감사는 삶을 윤택하게 하고, 타인과의 관계도 좋게 한다. "감사합니다."라는 말을 자주 할수록 마음에 여유가 생긴다. 감사의 마음이

없는 삶은 우울하고 의기소침할 뿐이다. 이럴 때는 타인에게 좋은 반응을 보일 수도 없다. 얼굴을 잔뜩 찌푸린 사람과 이야기하고 싶은 사람은 없다. 그러므로 매사 감사하라. 감사의 말을 하는 사람은 나이지만, 그 말을 가장 먼저 듣는 사람도 나이다.

유머는 긍정적인
대화를 만든다

유머라는 말은 유연한 성질을 지닌 것을 의미하는 라틴어 '우메 레'에서 유래했다. 그리고 유머의 사전적 의미는 익살스럽게 웃음을 자아내는 표현이나 요소이다. 유머는 단순한 즐거운 기분을 들게 하는 위트나 농담만을 의미하는 게 아니라 세상을 긍정적으로 바라보는 시각과 신념을 포함하는 개념이다. 하나의 세계관이라 할 수 있다. 우리는 한 번쯤은 번뜩이는 재담으로 주위 사람을 크게 웃게 해 보았거나, 부드러운 농담으로 딱딱한 분위기를 온화하게 만들어 본 적이 있을 것이다. 그리고 결과적으로 상대의 협력과 지지를 이끌어 냈을 것이다.

심리학자 프로이트는 '유머는 유아기의 마음 상태로 돌아가게 만드는 어른들의 해방감'이라고 했다. 유머는 경직된 분위기를 유연하게 전환해 주며, 사람들의 마음에 안정감을 준다. 실제로 유쾌하고 즐거운 분위기는 사람들 사이의 갈등을 해결한다. 못생긴 외모의 대명사였던 링컨 대통령은 유세 중 이중인격자라는 비난을 들었을 때, "내가 두 얼굴을 가졌다면 이 중요한 자리에 왜 못생긴 얼굴을 가지고 왔겠습니까?"라는 말로 호응을 이끌어 낸 바 있다. 경직된 분위기를 한 방에 무너뜨린 것이다.

미국의 헤드헌팅 회사인 로버트 헤드인터내셔널이 유머에 관한 설문 조사를 한 결과, 97%의 응답자가 유머 감각이 뛰어난 상사를 좋아한다고 답했으며, 삼성경제연구소도 '유머 있는 사람을 채용할 것인가?'라는 질문에 51%가 '그렇다', 25%가 '매우 그렇다'라고 답했다고 밝혔다. 성인 남녀에게 이상형을 묻는 조사에서도 많은 사람이 '유머 감각이 풍부한 사람'을 꼽았다. 즉, 사람은 유쾌한 사람을 선호하며, 인간관계에서 유머가 꽤 많은 비중을 차지한다고 볼 수 있다.

웃음의 의학적 효과를 연구해 온 리버트 박사는 웃는 사람의 혈액을 뽑아 분석한 바 있다. 그 결과 웃는 사람의 혈액에는 암세포를 공격하는 '킬러 세포'가 많이 생성되어 있고, 면역에 관여하는 감마 인터페론이 200배 증가해 있음을 발견했다. 또한 면역 글로불린 A와 엔도르핀도 증가해 있었다. 즉, 웃음은 통증과 걱정을 감소시키며 기분을 좋게 한다.

사람들 사이에서 의견이 맞지 않아 갈등이 생기거나, 불쾌한 감정이 생겼을 때는 유머가 특효약이다. 실제로 유머가 있는 리더가 자신의 역할을 잘 수행한다는 연구 결과가 있으며, 유머를 적절히 구사하는 리더는 직원의 긴장도를 낮추고 일을 향상성을 높인다.

피천득의 수필 《유머의 기능》에는 '유머는 날카롭지 않으며 풍자처럼 잔인하지 않다. 비평적이 아니고 동정적이다. 불꽃을 튀기지 않고 가시가 들어 있지도 않다'라는 문장이 있다. 유머는 따뜻한 웃음을 띠게 한다고도 했다. 유머는 각박한 세상을 살 만한 세상으로 만든다. 유머를 잘 구사하기 위해서는 상대의 말에 민첩하게 응수할 수 있는 감각이 필요하다. 그래야 논리적 허점을 파고들어 재치 있는 말로 되받아칠 수 있다. 그리고 그 바탕에는 삶의 신념과 철학이 있어야 한다. 그렇다면 유머는 어떠해야 하는가?

첫째, **품격이 있어야 한다.** 품격이 있는 유머는 상대를 배려하는 자세를 갖춘 존중의 기술이기도 하다. 배려가 들어 있지 않은 말은 유머가 아니다. 유머는 상대의 말에 거칠게 반응하지 않는 건강한 둔감함도 요구된다. 타인과 세상을 향한 더듬이가 덜 예민해야 한다. 저급한 농담도 유머가 아니다. 수준 이하의 농담으로 하루아침에 나락으로 떨어지는 사람이 많다. 유머 역시 과유불급이다. 당신이 구사하는 유머가 누군가의 희생을 전제로 하거나, 누군가를 불편하게 해도 안 된다. 부메

랑처럼 되돌아와 당신을 위기로 몰아넣을 수 있다. 또한, 사소한 일이라도 유머의 소재가 될 수 있으므로 애정을 갖고 주변을 바라보자.

둘째, 타이밍이 중요하다. 적시적기에 맞는 유머가 사람의 마음을 움직인다. 현대그룹의 고 정주영이 투자금을 받기 위해 버클리 은행을 찾았을 때, 은행의 부총재가 물었다. "당신은 기계공학을 전공했습니까, 경영학을 전공했습니까?" 그러자 그는 웃으며 이렇게 말했다. "저는 이 사업 계획서를 전공했습니다." 초등학교만 졸업한 정주영 회장에게 전공이 있을 리 없었다. 그에게 있는 것이라고는 자신감과 완벽한 사업 계획서뿐이었다. 이렇게 배짱 가득한 그의 유머는 부총재의 마음을 샀다.

지금은 소통하는 리더가 존경받는 시대다. 그래서 유머는 리더가 갖춰야 할 덕목이 되었다. 유머러스한 리더로 가장 많이 회자되는 인물은 윈스턴 처칠이다. 처칠이 수상 시절 연단에 오르다가 넘어지자 많은 사람이 폭소를 터트렸다. 그러자 그는 이렇게 말했다. "여러분이 웃을 수 있다면 또 한 번 넘어질 수 있습니다." 그는 유머의 힘을 아는 리더였으며, 지금도 영국에서 가장 존경받는 리더로 꼽힌다.

사람들에게 웃음과 즐거움을 선사하는 일은 보람된 일이다. 또한, 유머는 꿈과 성공을 앞당긴다. 늘 만나고 싶은 사람에게 하기 때문이다. 유머도 능력이다.

관계를 만드는 기적의 대화법 3

'나 전달법'을
사용한다

'나 전달법(I-message)'은 '나'를 주어로 삼아 이야기하는 화법이다. '당신의 이러한 행동 때문에 내가 이렇게 느낍니다'로 말하는 방식이다. 핵심은 말하는 사람의 생각과 감정이다. '당신은 이렇다'라고 말하는 '너 전달법(You-message)'과 대비되는 화법이다. '나 전달법'은 상대방의 실수를 직접적으로 부각하거나, 책임을 지우지 않는다. 상대의 잘못을 언급하기에 앞서 사실을 말하고, 그에 따른 내 생각과 감정을 전달함으로써 상대의 기분을 상하게 하지 않으면서, 나의 욕구를 표현하고, 상대의 행동을 개선한다.

상대의 마음을 상하게 할 생각으로 대화하는 사람은 없다. 그러나 간혹, 상대의 실수를 바로잡겠다며 거친 말을 내뱉는 사람이 있다. 상대에게 거친 말을 하고 싶은 생각이 든다면, 벌어진 일에 대한 내 생각과 느낌을 살핀 뒤, '나 전달법'으로 표현하자. 상대를 공격하는 데 힘들일 필요 없이 문제를 해결할 수 있을 것이다. 감정을 표현하는 걸로 충분하다.

토머스 고든 박사는 최초로 부모를 위한 교육인 '부모 효율성 교육(PET)' 프로그램을 개발해 미국의 권위적이고 징벌적인 교육을 철폐시킨 인물이다. 그는 '나 전달법, 적극적 경청, 무승패법'을 제시해 미국 전역에서 인기를 모았다. 그가 제시한 '나 전달법'과 '너 전달법'의 차이는 다음과 같다. 너 전달법의 주체는 '상대'이다. 예를 들면, "너 왜 그랬어?", "너 누가 그렇게 하래?", "이러지 말라고 했잖아." 등이다. 상대의 행동을 판단하고 비난하는 말투이다. 듣는 사람은 속상하기도 하지만, 개선의 의지도 함양되지 않는다. 반면, 나 전달법은 주체가 '나'이다. "난 잘 이해가 안 돼.", "나는 네가 걱정돼.", "네가 그렇게 말하면 난 기분이 나빠져." 등을 예로 들 수 있다. 상대의 행동을 비난하기보다 현재 느끼는 내 감정을 전하는 것이다. 실제로 부모가 '나 전달법'으로 아이와 소통한 결과, 아이의 문제 행동이 더 빠르고 확실하게 개선되었다.

제대로 대화하는 법을 모르는 사람은 상대의 마음을 읽지 못하기 때문이다. 그러나 '나 전달법'을 사용하면 상대의 말문을 열고, 마음을 읽을 수 있게 된다. 다음은 '나 전달법'의 3요소이다.

> 1. 상대의 문제 행동을 비난하지 않고 서술한다.
> 2. 상대의 행동이 나에게 미치는 영향을 구체적으로 서술한다.
> 3. 그 영향에 대해 느낌 감정을 전달한다.

나 전달법 1단계는 **문장의 주체를 바꿔 표현하기**이다. "나는 이해가 잘 안 되네.", "나는 기분이 나빠."로 주어를 나로 바꾼다. 너 전달법에는 지시어나 상대를 비난하는 부정적 의미가 포함되기 마련이다. 주어가 상대이기 때문이다. 그러나 나 전달법을 사용하면, 나를 대화의 주체로 두기 때문에 '내 마음은 이렇다'라고 상대에게 내 뜻을 전하게 된다. 비난의 의미가 덜 포함된다. 따라서 자연스럽게 상대도 편하게 말을 경청하게 되고, 문제 행동 개선에 적극적이다.

나 전달법 2단계는 **행동 결과에 대한 감정을 표현하기**이다. 행동의 결과에 중점을 두고 벌어진 사건을 객관적으로 서술한 다음, 내 감정을 말하자. 구체적으로는, 시작을 '~하면'의 상대 행동을 서술하고, 나는 '~라고 느낀다'로 느낌을 서술한 다음, '~이기 때문이다'의 이유를 든다. 나 전달법에서는 보고 느낀 감정을 그대로 표현하는 것이 중요하다. 중요한 통화를 하고 있는데, 동료가 옆자리에서 떠들 때는 어떻게 해야 할까?

너 전달법	나 전달법
· 시끄러워요. 다른 곳으로 가세요. · 너무 목소리가 커요. 좀 조용히 해 주세요. · 여기에 당신만 있는 게 아니잖아요? · 제가 통화하고 있는 것 안 보이세요?	· 중요한 통화하고 있어요. · 상대방의 목소리가 잘 안 들려요. · 제가 목소리를 크게 하는 편이 좋을까요? · 목소리가 잘 안 들려서 제가 좀 힘들어요.

이렇게 '나 전달법'과 '너 전달법'은 확연히 다르다. '너 전달법'에서는 상대의 행동을 탓하고 비난하는 말투가 나오기 때문에 듣는 당사자도 함께 기분이 나빠질 수밖에 없다. 그러나 '나 전달법'은 상대의 행동으로 인해 내가 영향을 받았음을 이야기하는 것이므로 훨씬 유연하다. 소통은 일방향이 아니라 쌍방향이다. 교감이 핵심이다. 말속에 진솔함을 담아 상대의 가슴에 파고들게 하자.

의미 있는
질문을 한다

미국의 경영학자 피터 드러커는 자신의 저서 《피터 드러커의 최고
의 질문》에서 '질문이 없다면 통찰도 없다'라고 했다. 질문의 중요성
을 짐작하게 하는 말이다. 우리는 질문함으로써 현명해진다. 질문을
통해 사고가 깊어지고, 영감을 받으며, 상대를 더 많이 탐색하게 하기
때문이다. 그리고 우리는 매일 사람들과 질문을 통해 관계를 맺는 말
의 현장에 살고 있다.

질문이란 상대를 향한 관심과 사랑을 표현하는 것이므로 배려가
있어야 한다. 그렇다면 좋은 질문을 위해서는 어떤 기술이 필요할까?
어떻게 해야 상대에 대한 이해와 통찰을 기본으로 한 의미 있는 질문
을 던질 수 있을까?

첫째, **조언을 구하는 질문을 한다.** 질문하지 않는 사람은 자기중심적으로 대화를 이끌어가려는 성향인 경우가 많다. 이런 사람과 대화하면 나에게 관심이 없는 사람처럼 느껴진다. 그러므로 상대에 대한 관심이 포함된 조언을 구하는 질문을 하자. 뉘앙스도 중요하다. 사회심리학자인 로버트 치알디니는 자신의 저서 《설득의 심리학》에서 당신을 싫어하는 사람을 아군으로 끌어들이기 위한 두 가지 전략을 제시했다. 하나는 칭찬이고 다른 하나는 조언을 구하는 것이다. 조언을 구한다는 것은 질문을 던지라는 의미다. 다음은 상대에게 조언을 구할 수 있는 질문 목록이다.

호기심의 질문	조언 구하기 유형의 질문
· 가장 감명 깊게 읽은 책은 무엇인가요?	· 어떤 책을 읽으면 좋을까요?
· 신입사원으로서 힘든 점은 무엇인가요?	· 이런 문제가 있는데 어떻게 해야 할까요?
· 이 문제에 대해 어떻게 대처하고 있나요?	· 저도 이렇게 대처하면 좋겠군요.
· 요즘 가장 힘든 점은 무엇인가요?	· 저도 이 점이 가장 힘들어요.
· 동료와 갈등이 있던 적이 있나요?	· 당신이 저라면 어떻게 하시겠어요?

둘째, **개방형 질문을 한다.** 단순한 답변만 요구하는 폐쇄형 질문은 대화를 일찍 종결시키는 역효과를 낼 수 있다. 커뮤니케이션 용어 중에 '더블 바인딩 기법'이 있다. '이중 구속 화법'이라고도 하는데, 두 가지 요청이나 요구를 동시에 함으로써 상대가 답을 고민하는 사이에 전달하고자 하는 메시지를 전하는 기법이다. 예를 들어, 상대에게

"품질이 좋다."가 아니라, "이 제품의 성능이 우수하다는 사실을 알고 계시죠?"라고 질문하면, 상대는 그 사실을 알든 모르든 해당 제품의 성능이 우수하다는 전제를 깔고 대화하게 된다. 제품의 성능에 대한 비판적 사고가 작동하기 전에 다음 대화로 넘어가게 되는 것이다. 단어와 표현에 신중하면 협상에 유리하며, 같은 말이라도 어떤 화법을 쓰느냐에 따라 결과가 달라진다.

셋째, **참신한 질문을 한다.** 사사키 케이이치의 저서《인생이 바뀌는 말습관》에는 질문을 통해 큰 매출을 올린 제조 공장 사장의 이야기가 나온다. 어느 날, 하청 업체의 사장이 원청 업체 사장에게 "회사의 플래그십 모델을 만들어 보지 않겠습니까?"라고 제안한다. 독창적인 기술력으로 최고의 모델을 만들어 세상에 보여주자고 제안한 것이다. 이에 원청 업체 사장은 "그럽시다. 당장 계약합시다."라며 바로 계약서를 작성했다. 을의 입장인 하청 업체 사장이 역으로 주도권을 쥐고 질문의 방식을 취한 것이다.

대화 예시 1.

A: *지금 많이 바쁘신가요?*

B: *조금이요. 바로 보내야 하는 메일이 하나 있어서요.*

A: *아, 그렇군요. 이번 프로젝트에 관하여 보고 드릴 게 있는데 오후 3*

시 어떠세요? 20분이면 끝납니다.

B: 그런가요? 그럼 바로 이것만 보내고 연락드리겠습니다. 잠시 휴게실에서 기다려 주시겠어요?

A: 네. 알겠습니다. 저도 읽어야 할 메일이 있어서 처리하고 있겠습니다.

B: 네. 20분 안에 끝내고 가겠습니다.

A: 네. 휴게실에서 기다리고 있겠습니다.

대화 예시 2.

A: 이 안건에 대해 어떻게 생각하시나요?

B: 글쎄요.(약간의 침묵)

A: 저는 이 안건이 과거에 비슷한 사례들과 연관이 있다고 생각합니다. 현재 검증된 자료들을 토대로 자료 분석을 하면 어떨까 싶습니다.

B: 아, 그렇군요. 생각을 하게 되네요.

대화 예시 2에서의 침묵은 어색한 침묵이 아니다. 생각의 흐름을 방해하지 않도록 시간을 주는 것뿐이며, 상대가 충분히 생각할 수 있도록 배려하는 것이다. 상대는 자신의 발언권을 인정받았다는 기분이 들 것이다.

넷째, **발전적인 질문을 한다.** 질문을 통해 상대에게 도전적인 방향성을 제시하고, 구체적인 행동으로 옮길 수 있도록 돕자. 이런 질문이야말로 진실로 상대를 위하는 질문이라 할 수 있다. "왜?"라는 질문으로 단점을 지적하거나 추궁하는 게 아니라, "어떻게 하면 좋을까?"라는 질문으로 미래를 묻는 것이다. "왜 지각했어?"가 아니라 "오늘 지각해서 못한 일을 어떻게 하면 다 처리할 수 있을까?"라고 묻자. "왜 그런 실수를 한 거지?"가 아니라 "어떻게 하면 그런 실수를 줄일 수 있을까?"라고 묻자.

대화 예시 1. 추궁하는 질문

A: *30분을 지각했네. 왜 지각했어?*

B: 출근길에 사고가 있었어요.

A: *그랬군. 앞으로는 지각하지 않도록 일찍 출발해.*

B: 네, 그렇게 하겠습니다.

대화 예시 2. 미래에 대한 질문

A: *30분을 지각했네. 무슨 일 있었어?*

B: 출근길에 사고가 있었어요.

A: *오늘까지 제출하기로 한 보고서는 어떻게 처리할 거야?*

B: *서둘러서 4시까지 끝내겠습니다.*

A: *알았네. 그럼 잘 부탁해.*

B: *네. 완성하는 대로 전송하겠습니다.*

문제를 어떻게 해결할 건지를 묻는 HOW 질문은 건설적인 질문이다. 답변하는 사람의 생각을 성장하는 방향으로 전환시키기 때문이다. 이런 질문을 받은 사람은 질문하는 사람을 신뢰하고 자신을 돕는 사람으로 여긴다. 관계가 좋아지는 것은 물론이다.

다섯째, **이유를 묻는다.** 상대가 틀렸다고 지적하지 않고, 그렇게 생각한 이유부터 질문하자. 상대의 아이디어와 의견을 존중하는 의미가 담겨 있다. 조언은 경청의 과정을 거친 뒤에 보완이 필요하다고 느꼈을 때 해도 늦지 않다. 그리고 "수고가 많았네요."라는 말로 시작하는 것을 잊지 말자.

질문은 상대를 향한 관심이고, 경청은 각박한 세상에서 상생하는 유일한 방법이다. 따뜻한 마음을 보여 주고, 진심을 다해 듣자. 그리고 상대에게 관심을 기울여 의미 있는 질문을 던지자.

상대를
편안하게 한다

대화는 상대의 마음을 열어야 가능하다. 상대의 마음을 열지 못한 채 이어지는 대화는 수박 겉핥기에 불과할 것이다. 그런데 상대의 마음을 여는 과정은 매우 까다로운 일이며, 처음 만난 사람이라면 더욱 그렇다.

내가 편안함을 느껴야 상대도 편안함을 느낀다는 걸 명심하자. 마음을 여는 말투를 가진 사람의 특징이 있다. 바로 상대의 감정을 최우선으로 여기고 상대의 처지를 이해하는 것이다. 자신이 준비한 방법과 논리를 설명하기 전에 상대가 편안함을 느끼는지부터 살핀다. 매사 일은 딱 부러지게 하면서 설득하는 일에는 어려움을 겪는 사람이 있다. 자신의 이익만 추구하는 대화를 하기 때문이다. 사람은 안정감과 안전함을 느껴야만 속마음을 보이는 법이므로 당신을 기댈 수 있는 안식

처로 여기게 하라. 러시아의 작가 체호프는 "부드러운 말로 설득하지 못하는 사람은 거친 말로도 설득할 수 없다."라고 했다. 대화는 압박하거나 강요한다고 되는 것이 아니다. 마음을 열게 하는 말투는 따로 있다.

상대방의 입을 열게 하는 말	상대방의 입을 닫게 하는 말
· 그런 일이 있었구나.	· 그럴 리가 없어.
· 다른 어려움은 없어?	· 네게 얻어지는 것은 아무것도 없어.
· 그건 나도 몰랐을 거야.	· 그건 네가 몰라서 하는 소리야.
· 이건 이렇게 하면 될 것 같아.	· 그렇게 해도 안 돼.
· 금방 해결될 거야. 기운 내.	· 네가 그렇게 하니까 그런 거지.

마음을 편안하게 하는 화법	대화 예시
부탁 식으로 말하기	이거 해 주시면 안 될까요?
미소를 띠고 말하기	(밝은 미소로)정말 감사합니다!
상대의 장점 말하기	정말 옷이 화사해요. 봄 같아요.
상대의 슬픔에 공감하기	상심이 크셨겠어요.
상대의 입장에서 말하기	부장님이 너무하셨네요. 열심히 노력했는데.
실수를 인정하기	제 실수입니다. 정말 죄송해요.
너그럽게 상대를 이해하기	너무 피곤하신가 봐요.
명료한 말 사용하기	알겠습니다. 내일까지 하겠습니다.
상대의 말을 주의 깊게 듣기	그랬군요. 그런 일이 있었네요.
의논하듯 말하기	이건 어떻게 하면 좋을까요?

대화 예시 1. 상대의 처지에 대한 이해가 없는 대화

A: 안녕하세요? 대리님.

B: 안녕하세요? 좋은 아침이에요. 과장님.

A: 어제 회의에서 이야기했던 보고서는 언제까지 될까요?

B: 아, 그게. 내일 오전 중으로 해 보겠습니다.

A: 오늘 안으로 안 되는가 보죠? 급한 건인데.

B: 네, 좀 힘들 것 같아요…

대화 예시 2. 상대의 처지를 살피는 대화

A: 안녕하세요? 대리님.

B: 안녕하세요? 좋은 아침이에요. 과장님.

A: 오늘 옷이 화사하네요. 저까지 기분이 좋아지는 걸요?

B: 아, 그래요? 이제 봄도 되고, 기분 전환하고 싶어서요.

A: 지난달에 너무 힘들었죠? 혼자 프로젝트 진행하느라고, 고생이 많았어요.

B: 조금 힘들었지만 보람도 있었습니다.

A: 정말 대단해요. 수고 많았어요.

B: 감사합니다. 별말씀을요. 제 할 일을 한 건데요.

A: 그런데 이걸 어쩌나. 보고서 오늘까지 괜찮을까요? 너무 힘들면 모

레까지로 이야기해 둘게요.

B: 아, 그 보고서요. 오늘까지 마무리 해 보도록 하겠습니다. 걱정해 주셔서 감사합니다.

이렇게 상대의 처지를 이해하면 마음을 열 수 있다. 그렇다면 어떻게 말해야 상대를 편안하게 할 수 있을까?

첫째, **상대의 말을 끝까지 경청한다.** 절대 말을 가로채지 말자. 속마음을 허심탄회하게 드러낼 수 있게 하는 사람이 있는데, 이들은 절대로 상대가 이야기하는 도중에 함부로 끼어들어 자기 이야기를 하지 않으며, 다른 의견이 있더라도 성급하게 조언하지 않는다. 이런 배려의 행동은 차곡차곡 쌓여 나에 대한 믿음으로 돌아온다. 말을 끝까지 들어 주는 사람에게는 '솔직하게 말해도 될까? 내 이야기가 밖으로 전해지지 않을까?'라는 고민하지 않고 속마음을 털어놓게 된다. 신뢰하기 때문이다.

둘째, **같이 음식을 먹는다.** 식사도 좋지만 간단한 다과도 괜찮다. 예일 대학교의 교수 어빙 제니스는, 맛있는 음식을 함께 먹은 사람에게 호감을 느끼고 공감하게 되는 '오찬 효과'에 대한 흥미로운 실험을 했다. 제니스 교수팀은 대학생들을 두 그룹으로 나누어, 한 그룹에는 과자와 콜라를 제공하고 의견을 설득하게 했고, 한 그룹에는 아무 음식을 제공하지 않고 의견을 설득하게 했다. 그러자 음식을 함께 먹으면서 대화한 그룹은 81.1%가 의견에 동의했고, 음식을 먹지 않은 그룹은 61.9%만이 의견에 동의한 것을 볼 수 있었다. 함께 무언가를 먹고 마시며 이야기할 때 대화가 원활하고 상대에게 호감을 느낀다는 게 증명된 셈이다.

공기를 환기시키는 것도 대화의 분위기를 바꾸는 데 효과가 있다. 모두 '연상의 원리'와 관련 있는 부분이다. 연상의 원리란, 한 부분에서 받은 인상이 일의 전체의 인상을 좌우하는 원리로, 누군가와 함께한 시간이 즐거웠다면 그 사람을 긍정적으로 느끼게 되는 것이다. 맛있는 음식이 긍정적인 느낌을 불러일으키면, 함께 먹은 상대에게도 호감을 느낄 확률이 높다.

오찬 효과가 있는 말투의 예

· 덥네요. 창문 좀 열어도 될까요?
· 시원한 커피 한잔 마시면서 이야기 나눌까요?
· 식사는 하셨어요?
· 이 과자 좀 드실래요?
· 빵 좀 사왔어요. 한 조각 드시겠어요?
· 시원한 커피가 좋으세요? 따뜻한 녹차가 좋으세요? 한잔 드릴까요?

셋째, **상대방의 관심사로 대화를 시작한다.** 사람은 누구나 관심 받고 싶어 한다. 그러므로 평소 상대가 좋아하는 주제나 관심사로 이야

기를 시작하자. 상대는 좋아하는 것에 대해 말할 기회가 주어졌다는 게 기쁘다. 잘 모르겠다면, 평소 상대가 쓰는 단어를 유심히 들어 보자. 취미가 무엇이고, 잘하는 것이 무엇인지 알아 두었다가 대화 나눌 일이 생기면 슬그머니 주머니에서 상대가 좋아하는 주제를 꺼내자. 상대를 내 편으로 끌어들이는 데 아주 효과적이다.

대화 예시

A: *요즘에도 주말에 축구하세요?*

B: *요즘에는 축구 안 해요. 지난번에 다리를 다친 이후로 안 하고 있어요.*

A: *에구. 많이 다치셨었어요?*

B: *발목이 접질려서 깁스를 한 달이나 하고 있었어요. 걷기도 힘들었어요.*

A: *정말 힘드셨겠네요. 그럼 운동은 요즘 어떻게 하고 계세요?*

B: *수영이 다리에 무리가 덜 가는 것 같아서, 요즘은 수영하고 있어요.*

A: *수영하시는 구나. 저도 한번 데려가 주세요. 배워 보고 싶어요.*

B: *네~ 언제 시간을 맞춰서 같이 가시죠.*

넷째, **말의 속도를 적절히 한다.** 기본적으로 빠르게 말하면 조급한 인상을 준다. 말로 인해 조급함이 느껴지면 상대는 부담스럽기만 하다. 너무 빠르지도 느리지도 않게 조절해 말하고, 상대의 이야기를 들으며 대답할 내용을 정리하자. 편안한 말투를 만드는 게 중요하다.

즉, 대화할 때는 목적을 이루려는 의도보다 상대가 편안하게 말할 수 있도록 배려하는 게 좋다. 그리고 상대의 말에 귀를 기울이고, 부담스럽지 않을 정도로 말이 속도와 톤을 조절한다. 분위기가 경직되지 않도록 간단한 다과를 준비하는 것도 방법이다. 그러면 상대는 기꺼이 마음을 열고 대화할 수 있을 것이며, 결국은 당신도 목적을 이룰 수 있을 것이다.

용기를 북돋는
말을 한다

"나는 할 수 있다. 난 반드시 해낸다."라고 반복하면 실제로 일이 술술 풀릴 때가 있다. 그러므로 중대한 일을 앞두었다면 긍정적인 말로 주문을 외자. 또한, 긍정적인 태도와 말은 상대에게 긍정의 메시지를 주기도 한다. 감정은 전이되는 성질이 있기 때문이다. 부정적인 상황에도 인생의 지표가 될 만한 긍정적인 면이 있다는 걸 명심하자. "너는 정말 특별한 아이야."라는 선생님의 한마디에 말썽꾸러기 제자는 명문 대학에 진학하는 법이다.

오백 원짜리 동전을 실에 매달고 "움직인다."라고 주문을 외워 보자. 정말로 동전이 흔들릴 것이다. 말이 몸을 움직이게 하기 때문이다. 즉, 말은 현실이 된다. 그러므로 상대에게도 용기를 북돋는 마법의 말을 건네자. 잠시나마 근심이 사라질지 모르며, 어쩌면 근심을 물리치고 활짝 웃게 될지도 모른다. 만나기만 하면 한탄하는 사람이 있는데, 한탄과 우는 소리를 계속 들어줄 사람은 없다. 어쩌다 한탄하면 가슴이 후련할지 모르지만, 계속된 한탄은 사람을 떠나게 하고 자신에게도 좋지 않다. 약간의 동정심을 얻을 수 있을지는 몰라도, 그 이상의 이득은 없다.

대화 예시 1. 부정적인 말투

A: *오늘은 기분이 별로예요.*

B: *왜요?*

A: *이 회사에서 제가 쓸모없는 사람으로 여겨져요.*

B: *사실 저도 그래요. 얼마 전에 다른 회사에 이력서 넣었어요.*

A: *이력서요? 저도 이력서나 넣을까 봐요. 회사에서 다른 사람들이 저보다 훨씬 뛰어난 것 같고, 제 실적만 형편없는 것 같아요.*

B: *저도 그런데. 정말 힘들어 죽겠어요. 회사를 옮기는 것밖에 방법이 없어 보여요.*

대화 예시 2. 긍정적인 말투

A: *오늘은 기분이 별로예요.*

B: *왜요?*

A: *이 회사에서 제가 쓸모없는 사람으로 여겨져요.*

B: *왜 그런 생각이 들었어요?*

A: *다른 팀원들과 저를 비교해 봤는데, 제 업무량이 3배는 되더라고 요. 근무시간도 제일 길어요. 저는 주말에 공부하고 싶어서 특강 도 들으러 다니거든요. 이러다가는 곧 나가떨어질 것 같아요.*

B: *대단한대요! 일에 대한 열의가 있어서 그래요. 그렇게 바쁜 와중 에 자기 계발을 위해 시간을 내시고, 곧 기회가 올 거예요. 지금 더 강해지고 있는 과정이고요. 정말 멋져요.*

재밌는 사실은 대부분의 사람이 상대의 힘들다는 이야기에 '내가 더 힘들고 비참해.'라고 생각한다는 것이다. 그리고 실제로 내가 더 힘 들다는 식으로 말하며 상대의 마음을 풀어 주려 한다. 착각이다. 위 로가 필요한 사람에게 부정적인 말은 전혀 도움이 되지 않는다. 상대 가 힘들다고 하면 긍정적인 기운을 불어넣어 주어야 좋은 방향으로 나아간다. 같이 진흙탕에 빠져 있다고 동질감을 느끼게 할 수는 있지 만, 위기를 넘기고 나면 당신은 별것 아닌 사람이 되어 있을지 모를 일이다. 루즈벨트 대통령은 절망에 빠진 국민에게 미래를 향한 용기 를 주는 화술을 구사했다. "미국의 힘에 자신감을 가지십시오. 우리 가 두려워해야 할 것은 두려움 그 자체입니다!"라고 말이다. 물론, 불 황은 쉽게 사그러들지는 않았다. 이에 루즈벨트는 정부를 믿지 못하 는 국민에게 "용감하고 끈질기게 시도하십시오. 중요한 것은 포기하지 않고 끝없이 시도하는 것입니다."라고 말하며 끊임없이 설득했다. 그 자신도 지도자로서 매 순간이 초조했을 것이다. 문제 해결을 위해 끊임없이 노력하고 걱정했을 것이다. 그러나 그는 자신감을 보여 주었고, 결국 공황을 극복해 최강의 경제 대국으로 거듭났다. 그의 말 한마디 한마디가 그의 인격과 가치관, 태도를 보여 주었으며, 긍정의 말로 국민의 신의를 얻었고 정말로 어려움을 이겨냈다.

상대의 힘을 빼는 말	상대에게 힘을 주는 말
· 이렇게 한다고 뭐가 달라져? · 이렇게 해도 되는 거 맞아? · 뭘 그렇게까지 해. 힘들게. · 해도 안 될 것 같아. · 뭐하러 해. 힘만 들고 해결할 수 없어. · 너무 힘들 거 같아.	· 너는 탁월해. · 너라면 할 수 있어. · 네가 아니면 누가 해낼 수 있겠어. · 넌 반드시 해낼 거야. · 너라면 가능해. · 넌 의지가 정말 강해.

매사 "잘 안될 거야."라는 말을 사용하는 사람이 단번에 "난 잘될 거야."라는 긍정적인 말 습관을 갖는 건 힘들다. 그러나 많은 언어학자가 말에는 주술적 힘인 '언령(言靈) 사상'이 있다고 한다. 긍정적인 말을 반복해 마음까지 긍정적으로 변화시키자.

대화 예시

엄마: *우리 아들, 요즘 많이 힘들어? 안색이 어둡네.*

아들: 네. 일이 많아서 지쳤어요. 야근도 반복되고, 좋은 아이디어도 나오지 않아서 힘드네요.

엄마: 고생이 많구나. 뭐라도 먹을래?

아들: 아니에요. 밥 먹었어요. 조금 이따가 우유나 한잔 마실게요.

엄마: 그래. 지금 이 시기가 지나면 진심으로 노력했던 때라고 생각하게 될 거야. 너라면 이 고비도 잘 넘길 수 있을 거라고 생각해.

아들: 정말 그럴까요?

엄마: 그럼. 한창 일 배울 때는 지치지. 고3 때를 돌이켜보면 그 시절이 후회스럽기도 하고, 대견하기도 하잖아. 기운 내. 여태 잘해왔으니 걱정 마.

아들: 네. 용기 주셔서 감사해요. 지금 우유 마셔야지!

용기를 북돋는 말은 이렇게 순식간에 분위기를 전환시키고, 상대에게 힘을 준다. 마음의 키를 어느 방향으로 돌릴 것인가에 따라 인생의 방향이 정해진다. 나에게든 상대에게든 할 수 있는 방향으로, 해낼 수 있는 방향으로 말하라. 나에게 확신이 생기고, 상대도 성장한다.

논리보다
감정이 중요하다

사람의 좌뇌는 논리적 사고를 담당하고, 우뇌는 감정적 사고를 담당한다. 그리고 인간은 보통 우뇌를 훨씬 더 많이 사용한다. 음식을 맛보고, 술을 마실 때 우리는 감성적이 되며, 대화도 감정을 공유하는 것이므로 감성적인 행위로 볼 수 있기 때문이다. 사실 좌뇌를 사용하는 일은 매우 적다. 감정적 사고를 배제한 채 상대를 설득할 수 없는 이유이다. 또한, 어떤 사람은 논리적인 것을 중요시하기도 하고, 어떤 사람은 감정적인 것을 중요시하기도 한다. 그러므로 우리가 취해야 할 것은 바로 상대의 말속에 숨은 메시지, 즉 본질이다.

사회 심리학자 데이비드 더닝 교수와 대학원생 크루거는 코넬 대학교 학생을 대상으로 한 실험으로 '사람은 자신의 능력에 대해 과도

하게 우호적인 경향이 있다'는 사실을 밝혀냈다. 그리고 똑똑한 사람보다 어리석어 보이는 사람의 성공 확률이 높다고 했다. 그 이유는 똑똑한 사람은 자신의 오히려 자신의 결점도 잘 알기 때문이다. 지적 능력과 의사소통 능력은 별개이다. 대화에서 감정을 제거하는 일은 불가능함을 시사하기도 한다.

《채근담》에는 '몸을 그 일 밖에 두어 마땅히 이해의 사정을 모두 살펴야 한다'는 말이 실려 있다. 냉철하고 계획적인 마음으로 그 일로부터 거리를 두고 판단을 하라는 말이다. 한 걸음 물러서서 생각하라는 것이다. 상대와의 관계를 위해서도 마찬가지이다. 멀리서 상대의 감정을 헤아리고, 공감대를 형성해 진정한 파트너로 거듭나자. 감정을 세밀히 구분하고 그에 맞는 단어를 고르자. 아무리 머리가 좋고 언변이 좋아도, 공감하지 못하면 제대로 대화할 수 없다. 좋은 대화에는 공부와 훈련이 필요하다.

대화 예시 1. 논리적 말투

A: *나 엄마하고 싸웠어.*

B: *왜? 원인이 뭔데?*

A: *엄마가 공부를 안 한다고 잔소리하셔서. 열심히 한다고 이야기를 했는데도 말이야.*

B: *너 지난주에는 총 몇 시간 공부했지? 노트에 적어 두지 않았어?*

노트를 보여 드려.

A: 그럴까도 생각중이야. 그래도 기분이 풀리지는 않아.

B: 아냐. 공부한 걸 보여 드리면 될 거야. 팩트니까. 다 아시게 되면 잔소리 안 하실걸.

대화 예시 2. 감정적 말투

A: 나 엄마하고 싸웠어.

B: 무슨 일 있었어?

A: 엄마가 공부를 안 한다고 잔소리하셔서.

B: 그랬구나. 마음이 안 좋았겠네. 뭔가 오해를 하신 건 아닐까?

A: 잠깐 텔레비전을 봤는데, 그걸 보시고는….

B: 그랬구나. 지난주에 나랑 공부한 거 노트에 적었잖아. 그걸 좀 보여 드려 봐. 네 공부 계획서하고.

A: 그럴까? 그러면 될까?

B: 네가 열심히 하고 있다는 걸 알면 기뻐하실 거야. 믿음도 갈 거고. 엄마랑 다투지 말고 계획서 보여드리고 오해 풀어.

A: 그래야겠지?

B: 그러는 게 좋을 것 같아. 기운 내.

사실에 근거한 상황만을 이야기해서는 상대의 공감과 신뢰를 얻기 힘들다. 그러나 감정을 읽어내는 말투는 상대를 이해하겠다는 의지가 담겨 있어 대화에 조금 더 효율적이다. 이유를 묻기 보다는 상대의 마음을 헤아리고 있다는 메시지를 담담히 보내자. 또한, 상대에게 다소 무례한 질문을 해야 한다면 감정적인 말투를 사용하자. 관계를 훼손하지 않으면서 문제를 해결할 수 있다.

심리학자 데이비드 J. 리버만은 "결정의 90%는 감정에 근거한다. 감정이 있고 난 다음 행동을 정당화하기 위해 논리를 적용한다. 그러므로 설득하려면 감정을 지배해야만 한다."라고 말했다. 지적인 논리에는 한계가 있다. 논리적 공격에서도 감정의 방향으로 이끄는 시도가 필요하다. 상대의 궤변이나 논리에 정면으로 반박하는 것은 그리 현명한 방법이 아니다. 감정을 자극하지 않으면서 그 순간순간 적절한 표현으로 핵심을 드러내는 것이 현명하다. 예의 바르게 상대를 대하면서 상대를 변화시킬 수 있다. 감정을 알아주는 말투의 힘이자, 지면서도 이기는 대화법이다. 그렇다면 감정을 상하지 않게 하면서 행동을 개선시킬 수 있는 화법은 어떠해야 할까?

첫째, **상대의 말을 끝까지 진지하게 경청한다.** 인간은 컴퓨터가 아니다. 컴퓨터는 정보를 0.001초로 처리하지만 인간은 그렇지 못하다. 효율성과는 거리가 멀다. 즉흥적인 말과 주제에서 벗어난 말이 훨씬 더 많다. 그러나 핵심은 그 안에 들어 있다. 친구가 백화점에 다녀온 이야기를 5분 동안 이야기한다고 생각해 보자. 정성껏 들어 보면, 진짜로 하고자 하는 이야기는 찰나에 지나간다. 친구의 미소와 눈빛, 제스처 같은 부차적인 요소들이 진짜로 하고자 하는 단 한마디를 대변한다.

대화 중에 핸드폰을 보는 건 최악이다. 네 사람을 두 그룹으로 나누어, 한 그룹에는 핸드폰을 켠 채 잡담을 나누게 하고, 한 그룹에는 핸드폰 없이 잡담을 나누게 했다. 그리고 대화 후 만족도를 조사한 결과, 휴대폰을 지참한 그룹의 대화 만족도가 더 낮았다. 대화 중 핸드폰을 보는 행위는 '상대가 자신에게 공감을 나타내 보이지 않았다.'라고 생각하게 한다. 이 실험으로 연구자들은 휴대폰의 존재 자체가 대화의 질과 유대감에 악영향을 미친다는 결론을 내렸다.

둘째, **이번 만남이 끝이 아님을 인지한다.** 사람은 상대가 자신에게 얼마나 관심이 있는지를 말로 표현해 주는 걸 좋아한다. 좋은 감정도 표현하지 않으면 감흥을 불러일으키지 못한다. 사람을 만날 때는 그 사람의 말과 행동, 특징 등을 잘 살피고 기억해 두자. 옷 색깔이나 안경의 유무 정도라도 기억해 두면 좋다. 다음에 다시 만났을 때, 기억한 부분을 언급하면 당신에게 호감을 느낄 것이다.

셋째, **상대의 질타에 현명하게 대처한다.** 누군가가 "네가 얘기했던 거 틀렸어. 네가 잘못 안 거야."라고 논리적으로 비난한다면? "굳이 예전 일을 왜 들먹여? 나하고 싸우자는 거야?"라고 반응하지 말자. 이렇게 반응하면 대화가 이어질 수 없다. "그래. 내가 말한 게 잘못된 정보일 수 있어. 서로 물어볼 수 있는 거잖아. 네 생각을 알려줘."라고 말하면 대화는 한결 부드러워진다. 나에게 적대감을 품은 사람마저 아군이 될 것이다.

말투는 논리가 아닌 감정이다. 깍듯이 존칭을 쓴다거나, 논리 정연하게 말한다고 제대로 커뮤니케이션하는 것이 아니다. 일상적 대화의 목적은 옳은 것을 찾아내기 위함이 아니며, 옳은 것에 대한 기준은 다양하다. 진정한 커뮤니케이션은 상대의 감정을 이해하는 것이다. 좋은 말투는 상대의 신뢰를 얻어내는 강력한 무기가 될 것이다. 실력이 뛰어난데도 사람이 가까이 하지 않는다면 당장 말투부터 점검하라.

상대의 이름을
부른다

'이름' 하면 떠오르는 유명한 시가 있다. 김춘수 시인의 〈꽃〉이다. 무의미한 사물이 이름을 불리며 존재감을 갖는다는 건 '이름'의 중요성을 깨닫게 한다. 이름이 없는 사물은 없다. 사람은 물론이고, 동식물과 대량 생산된 공산품에도 이름이 있다. 눈에 보이지 않는 각종 사상과 표현에도 이름이 있다. 아기가 태어나면 가장 먼저 하는 일이 작명이다. 배 속에 있을 때는 태명을 지어 부른다. 이토록 인간은 모든 사물을 작명하고, 의미를 부여한다. 그렇다면 이름에는 어떤 의미가 있을까?

인간은 언어를 이용해 사물이나 사상을 식별하고 의미를 판별한다. 때문에 이름은 나와 너를 구분해 주는 인간관계에서 기본이 되는 요소이다. 이름이 있다는 건 비로소 다른 존재와 구별된다는 것이며, 사회에 존재할 자격을 얻는 것이다. 그리고 내 이름을 기억하고 부르는 사람이 있을 때 감동을 느끼며 친밀감과 유대감을 쌓는다. 이름을 부르면 그 사람에 대한 이미지가 한번에 연상된다. '김철수'라고 하면 김철수와 관련된 이미지가 같이 떠오르는 것이다. 즉, 이름 하나로 상대와 연관된 기억들이 한꺼번에 같이 머릿속에 그려진다. 기업에서는 이를 마케팅으로 사용한다. 상품의 이름을 브랜드화해 전파시키며 광고를 노출시킨다. '~하면 ~이다'를 떠올리게 하는 것이다. 이름으로 세상에 전하고자 하는 메시지를 담아낸다. 사람에게도 사물에게도 이름이 중요한 이유다.

대화 예시 1. 이름을 사용하지 않는 대화

A: 박 대리님 안녕하세요.

B: 김 과장님 안녕하세요.

A: 요즘 잘 지내고 계시죠?

B: 네, 덕분에 잘 지내고 있습니다.

A: 그럼 다음에 봬어요.

B: 네, 건강 잘 챙기세요.

A: 영선 대리님, 안녕하세요?

B: 아~ 민수 과장님~~ 오랜만에 뵈어요. 잘 계셨어요?

A: 덕분에 잘 지내고 있어요. 민수 과장님 지난번에 마라톤 대회 나
가신 건 어떻게 되었어요?

B: 네. 덕분에 열심히 잘 뛰고 왔지요. 힘들어서 죽을 뻔했네요.

A: 대단하세요. 체력 관리 열심히 하시는 민수 과장님, 존경스러워요.

B: 나중에 기회 되면 우리 영선 대리님도 같이 가요. 뛸 때는 힘들지
만 뛰고 나면 기분이 아주 상쾌해져요. 건강에도 좋고요.

A: 네~ 재미있을 것 같아요. 꼭 그렇게 할게요.

B: 그럼 건강 잘 챙기시고, 또 뵈어요.

많은 사람이 타인의 이름을 쉽게 잊는다. 꼭 필요할 때만 기억한
다. 그러므로 이름만 기억해 주어도 상대는 감동한다. 여기에 특별한
날도 기억해 주면 금상첨화다. 노력과 정성을 알기 때문이다.

2012년 미국 네바다 주의 와슈 카운티는 98개 학교 전역에서, 사
회 정서적 프로그램인 SEL 프로젝트를 실행했다. 그리고 교사가 학생
의 이름을 기억하는 것이, 학생에게 어떤 감정적 변화와 학습적 결과
로 이어지는지를 알아보았다. 졸업 때까지 전교생의 얼굴과 이름을
기억하는 것을 목표로 한 뒤, 5년 뒤 결과를 보니 우선 학교의 학업성

취도와 출석률이 매우 개선되었고, 학칙 위반 건수가 눈에 띄게 줄었다. 또한 졸업률은 18%가 올랐다. 즉, 교사가 이름을 기억하는 것만으로도 학생들의 유대감과 소속감이 증대했고, 교사와 학생 간의 소통에서도 긍정적인 결과가 나타났다. 상대의 이름을 부른다는 것은 단순히 호칭이 아님을 알 수 있다.

우정 장관직을 지낸 짐 알 파리는 5만 명의 이름과 그들의 기념일을 기억하는 걸로 유명하다. 그는 사람을 처음 만나면 반드시 그 사람의 이름과 가족 관계, 정치적 견해를 물어보고는, 다음에 만났을 때 자연스럽게 이야기했다. 그리고 이런 미팅 전략은 여지없이 그에게 성공을 안겨 주었다.

이렇게 사람은 누구나 자신의 이름을 기억해 주는 사람에게 호감을 느낀다. 친밀감을 높이고 싶다면 이름을 부르자. 성공한 많은 사람들이 상대의 이름을 기억하고 부르는 연습을 한다. 부드럽고 친근하게 말이다. 즉, 이름을 부르는 것은 사소하지만 가장 효율적인 사교의 방법이다.

대화를
마무리하는 방법

서양에 '일의 마무리가 잘 끝나면 전체가 잘된 것이다'라는 속담이 있다. 무엇이든 마무리가 좋아야 하는 법이라는 말이다. 즐겁고 재미있게 대화했더라도 마무리가 좋지 못하면 상대에게 좋은 인상을 남기지 못한다. 영화의 마지막 장면이 그 영화 전체에 대한 인상으로 남게 되는 것과 같은 이치다. 대니얼 카너먼 연구팀은 고통의 지속 시간과 인간의 기억에 대해 알아보기 위해, 실험 참가자들에게 찬물에 1분간 손을 담그게 했다. 그리고 시간이 흐른 뒤, 다시 찬물에 1분간 손을 담갔다가 30초간 따뜻한 물에 담그게 했다. 그러고는 둘 중 어느 경험이 덜 고통스러웠는지를 묻자, 참가자의 80%가 두 번째를 골랐다. 이 실험 후 카너먼 연구팀은, 기억이란 얼마나 경험했는가가 아닌 경험의 순간이 중요하다는 '피크앤드 법칙'을 발표했다. 즉, 뇌는 절정의 순간을 과장해 기억하지, 경험의 길이를 기억하지는 않는다. 아주 지루한 쇼핑이었을지라도, 쇼핑 마무리에 식품 코너에서 파는 핫도그를 한입 베어먹으면, '역시 오늘 쇼핑도 성공적이었어.'라고 생각하게 되는 것처럼 말이다. 불만족스러웠던 몇 가지 문제는 잊고 싼 가격에 잘 샀다는 심리적 만족감을 핫도그 한 개가 주는 것이다.

대화 예시 1. 끝맺음이 좋지 않은 대화

A: 이제 계약서에 사인하시죠.

B: 잠깐만요. 저희 상무님께 OK 사인은 받았지만, 제가 확인할 게 있어서요.

A: 뭐라고요? 지금 여기서 이러시면 제가 곤란한데요. 상무님도 허락하신 거니까 그냥 가시죠?

B: 죄송합니다만, 제가 실무자입니다.

A: 그럼 어떻게 해야 할까요?

B: 우선 계약서에 기재된, 단가에서 3% 추가 인하 가능 여부를 확인해 주십시오.

A: 계약 마무리 단계에서 단가 인하 가능성을 확인해 달라니요. 너무하신 거 아닙니까. 윗분이 전부 OK 한 상황에 지금 이렇게 하시면 제가 뭐가 됩니까?

대화 예시 2. 끝맺음이 좋은 대화

A: *이제 계약서에 사인하시죠.*

B: *잠깐만요. 저희 상무님께 OK 사인은 받았지만, 제가 확인할 게 있어서요.*

A: *아, 그러시군요.*

B: *네. 죄송합니다. 제가 실무자라서 몇 가지 확인하려고요.*

A: *네. 신중을 기하고 싶으신 거겠죠. 제가 무엇을 도와드리면 될까요?*

B: *우선 계약서에 기재된, 단가에서 3% 추가 인하 가능 여부를 확인해 주십시오.*

A: *네. 그 부분 확인해서 모레까지 메일로 보내드리겠습니다. 계약에 필요한 부분 있으시면 언제든 연락 주세요.*

B: *감사합니다. 검토 후 꼭 연락드리겠습니다.*

테레사 수녀는 "모든 사람이 당신과 헤어질 때, 더 나아지고 더 행복해지도록 하세요."라고 말했다. 즉, 우리는 다음 무대를 바라보고 다음을 기약할 수 있는 사람이 되어야 한다. 멋진 말로 내가 원하는 걸 얻었다고 끝이 아니라, 다음에 또 만나고 싶은 사람이 되어야 한다. 다음은 대화 도중 피치 못하게 자리를 떠야 할 때 상대의 기분을 상하지 않게 쓸 수 있는 말이자, 만남을 부르는 작별 인사이다.

모두 할일이 있다는 걸 강조하면서 무례하지 않은 인사말이다. 그리고 이렇게 자리를 뜬 후에는 반드시 언급한 용무를 실행하자. 상대는 모든 것을 관찰하는 법이다. 그리고 대화의 마무리는 처음에 상대와 나눈 화제로 돌려 끝맺는 게 바람직하며, 자리를 뜰 때는 전화 통화를 해야 한다거나, 급한 용무가 있다며 변병하지 않아야 한다. 자리를 뜨고 싶어 못 견딜 지경이라도 우아하게 마무리하자. 대화의 마무리 순서는 다음과 같다.

첫째, **대화의 내용을 요약한다.** 거래처와 미팅했다면 "오늘은 저희 회사 소개와 솔루션에 대한 소개를 간단히 드렸고, 귀사가 가지고 계신 이슈들 또한 자세히 들을 수 있었습니다. 저희가 오늘 미팅을 통해 파악한 이슈는 세 가지입니다."라고 오늘의 내용을 확실히 정리하는 것이다. 나와 상대에게 오늘의 만남이 의미 있게 느껴질 것이며, 대화 내용을 정리하면서 자연스럽게 다음 대화를 예고할 수 있다.

둘째, **상대와 앞으로 해야 할 일을 확인한다.** "오늘 회의한 내용을 바탕으로 5월 15일까지 보고서를 제출할 수 있도록 하겠습니다. 부장님께서는 확실하지 않았던 예산 범위를 확인해 주세요."라든지, "저희도 확인 후 다시 연락을 드리겠습니다."라고 말해서 앞으로의 일을 확인한다. 사적인 대화든 공적인 대화든 오늘의 만남을 계기로 후에 어떤 변화가 있게 될 것인지를 확인해 두면 좋다. 상대에게 기대감을 심어 줄 수 있으며, 비즈니스 관계에서는 업무 실수를 줄일 수 있는 계기도 된다.

셋째, **감사의 인사를 전한다.** 대화의 끝맺음을 가장 잘하는 방법은 대화에 응했던 상대에게 감사를 표현하는 것이다. 기꺼이 내 준 시간과 보여 준 마음에 감사를 표현하는 것은 당연하다. 상대의 시간과 전문가적 식견에 감사한 마음을 갖는 것이다. 자신만의 대사를 준비하라.

감사의 말

· 즐거웠습니다.
· 재미있었습니다.
· 또 만나고 싶습니다.
· 좋은 시간을 보낼 수 있었습니다.
· 좋은 추억이 될 것입니다.
· 좋은 이야기를 들었습니다.

넷째, **웃는 얼굴로 악수를 건넨다.** 악수를 통해 마지막 인상을 남기는 것이다. 잠깐이라도 손을 맞잡게 되면, 관계가 돈독해지고 호감도가 상승한다. 절대로 말없이 사라져서는 안 된다. 무례한 일이다.

악수하며 사용하는 인사말

기원 화법	배려 화법	격려 화법
· 건투를 기원합니다.	· 조심해. 비가 많이 오네.	· 넌 꼭 될 거야.
· 잘되면 정말 좋겠어요.	· 밤길 운전 조심하고.	· 넌 정말 멋져.
· 무한한 발전을 기원할게요.	· 우산 잘 챙겨.	· 힘내. 내가 있잖아.
· 성장 기대하겠습니다.	· 너무 밤늦게 들어가지 말고.	· 화이팅!

헤어질 때 했던 한마디가 가장 오래 남는 법이다. "오늘 만나서 정말 좋았어."라고 말하는 다정한 한마디로 따뜻한 인상을 남기자. 비록 만남의 과정이 좋지 않아도 끝인사로 인상을 180도 바꿀 수 있다. 상대에게 '또 만나고 싶다'라는 기분이 들게 하자.

지적은
긍정의 말로 시작한다

말의 순서도 매우 중요하다. 지적하는 말과 칭찬하는 말 중 무엇을 먼저 할까? 결과적으로는 부정적인 말을 한 후 긍정적인 말로 맺는 게 좋다. 다음 두 문장을 살펴보자.

대화 사례 1.

점원: *이 제품 어떠세요?*

손님: *디자인은 마음에 드는데 색깔이 별로네요.*

점원: *이 제품 어떠세요?*

손님: *색깔은 별로지만 디자인이 다음에 드네요.*

어떤가? 문장의 순서만 바뀌었는데도 뉘앙스가 달리 느껴진다. 미국의 심리학자 엘리엇 애런슨과 다윈 린더 박사는 말의 순서와 호감도를 측정하기 위함 실험으로 참가자에게 다음과 같은 조건으로 이야기하게 했다.

조건 1	일관되게 칭찬한다.
조건 2	칭찬으로 시작해 부정적 평가로 마무리한다.
조건 3	부정적 평가로 시작해 칭찬으로 마무리한다.
조건 4	일관되게 부정적으로 평가한다.

그리고 대상자에 대한 호감도를 측정한 결과, 조건 3에서 가장 높은 호감도를 보였고, 조건 2에서 가장 낮은 호감도를 보였다. 즉, 인간은 마지막에 말에 영향을 크게 받는 걸 알 수 있다.

대화 예시 1. 긍정 → 부정의 대화

A: *당신은 일은 잘하지만 잘난 척이 심해.*

B: 내가 잘난 척이 심하다고? 잘났으니까 잘났다고 하는데 뭐가 문제인 거야? 어이없네.

A: 가끔 보면 너무 잘난 척해서.

B: 일을 잘하니까 잘난 척도 하는 거지. 열심히 노력하는 건 안 보이고 잘난 척하는 것만 보이나 봐?

A: 당신이 일을 열심히 하긴 하지.

B: 잘난 척한다고 하니 기분이 안 좋네.

대화 예시 2. 부정 → 긍정의 대화

A: 당신은 잘난 척이 심하지만 일은 잘해.

B: 아, 고마워. 일을 잘한다고 말해 줘서.

A: 열심히 하는 것이 보여. 가끔은 잘난 척으로도 보일 때도 있지만.

B: 아, 잘난 척으로 보일 때도 있어?

A: 응, 가끔은.

B: 그렇구나. 조심해서 행동할게.

A: 아냐. 열심히 한 후에 뿌듯해하는 당신 모습이 좋아.

B: 더 열심히 해야겠다. 이렇게 이야기해 줘서 고마워.

'잘난 척'과 '일을 잘하는 것'이라는 말의 본질은 같지만, 말의 순서에 따라 대화의 흐름이 다름을 볼 수 있다. 비판의 말로 시작할 때는 긴장감이 흐를지라도 칭찬의 말이 시작되면 분위기는 반전된다. 만약, 상대의 행동을 지적해야 한다면, 상황부터 묻자. 방 청소를 하겠다는 약속을 지키지 않는 룸메이트에게 "이번 주에 벌써 세 번이나 청소를 잊었네."라고 비난하기에 앞서 "무슨 일 있어?"라고 상황부터 묻는 것이다. 상대에 대한 공격보다는 상황에 초점을 맞춰, "이럴 때는 내가 어떻게 하는 것이 좋을까?"라고 묻자. 온화한 말투로 표현함으로써, 룸메이트는 본인의 행동을 돌이켜 볼 것이다.

대화 예시 1. 바로 지적하는 대화

A: 이번 주는 네가 청소 당번이었는데, 벌써 사흘이나 청소를 안 했네?

B: 내가 그랬어? 미안.

A: 약속을 했으면 좀 지켜. 지난번에 꼭 하기로 했잖아. 넌 약속을 너무 안 지켜.

B: 내가 한 번도 방 청소를 안 했다는 말이야? 설마 그런 뜻은 아니지?

A: 오늘은 꼭 해.

B: (기분이 상한 말투로) 어, 알았어.

대화 예시 2. 상황을 묻는 대화

A: 요즘 무슨 일 있어? 이번 주 네가 청소 당번이었는데, 벌써 사흘이

나 청소를 안 했네?

B: 내가 그랬어? 미안.

A: 나는 우리가 함께 쓰는 공간인 만큼 더 깨끗하게 하고 싶어. 청소가 많이 힘들어?

B: 아, 미안해. 정말 미안해. 꼭 할게.

상대의 잘못을 이야기할 때는 다음과 같은 말을 도입 부분에 쓰면 좋다.

· 조금 전에 무슨 이야기하고 싶었던 거야?
· 업무 마무리 전에 상의가 필요한 부분이 있나요?
· 너는 그만큼 애썼으니 충분히 자격이 있어.
· 그 고객과 무슨 일이 있었던 거지요?
· 괜찮아요. 당신을 도와드릴 수 있어 기뻐요.
· 네가 주변 사람들을 좀 더 배려하면 다른 사람들이 좋아할 거야.

현명함은 그냥 얻어지지 않는다. 프랑스의 소설가 마르셀 프루스트의 "새로운 풍경을 찾는 대신 보는 눈을 새롭게 하라."라는 말처럼, 지금 그대로의 상황을 새로운 눈으로 바라봄으로써 관계를 망가트리지 않도록 노력해야 한다. 또한, 상대의 의견을 반박해야 한다면 일단 끝까지 들어주어야 한다. 대화에서 충돌이 빚어지는 대부분의 원인은 상대의 의견을 다 듣지 않은 상태에서 반론을 펼치기 때문이다. 자

신의 견해를 밀고 나가기 전에 "제가 아직 이해를 못한 것 같습니다. 조금만 더 설명해 주실 수 있으십니까?"라고 묻자. 이렇게 상대의 속마음을 완전히 파악한 후 자신의 의견을 명확하게 개진한다. 상대의 의견에 부정야 할 때는 우선 긍정한 후에 부정하는 것도 방법이다.

대화 예시 1. 부정 → 긍정의 대화

A: *에이, 그거 아닌데요.*
B: *저는 반대입니다.*

대화 예시 2. 긍정 → 부정의 대화

A: *네. 그건 동의합니다만, 저의 생각은 이렇습니다.*
B: *네. 그렇게 생각할 수 있으시겠군요.*

상대의 부탁을 거절해야 할 때는 자신이 할 수 있는 것과 할 수 없는 것을 명확히 하여 말한다. 딱 잘라 거절부터 하지 않는 것도 매너이다. 거절의 단어를 사용하지 않고도 자신의 의견까지 밝힐 수 있는 방법이므로 연습하자. 거절의 이유인 '~ 때문에'를 말하기에 앞서 그 상황이 '~만 ~되면'으로 바꾸어서 먼저 말하면 된다.

대화 예시 1. 가능성을 닫는 말투

A: *이 자료 정리를 6시까지 끝내도록 하게.*

B: *네? 무리입니다. 6시까지는 힘들어요.*

A: *우선 다른 일은 제쳐 두고 이것부터 끝내게.*

B: *다른 바쁜 업무도 너무 많은데요. 못할 것 같습니다.*

대화 예시 2. 가능성을 여는 말투

A: *이 자료 정리를 6시까지 끝내도록 하게.*

B: *자료가 너무 많습니다. 내일 점심시간 전까지 끝낼 수 있겠는데요. 괜찮으실까요?*

A: *자료의 양이 너무 많은가?*

B: *네. 검토만 해도 이틀은 족히 걸릴 분량입니다. 부지런히 해 보겠습니다.*

A: *그렇군. 애써 주게.*

B: *서둘러서 해 보도록 하겠습니다.*

이렇게 우리는 지적과 반박하기 등을 할 때도 상대가 기분 나쁘지 않게 하는 기술을 익혀야 한다. 훌륭한 말을 갖는 건 인생의 무기가 된다는 것을 잊지 말자.

상대와의
공통점을 찾는다

인간은 누군가와 함께할 때 즐거움을 느끼는 본능이 있다. 공통의 경험을 갖고 있다면 둘은 둘도 없는 흥미진진한 세계로 들어가게 될 것이며, 안심할 것이다. 이를 타인이나 집단과 같은 부류로 생각하는 '동류의식'이라고 한다. 동류의식을 나누는 사람이나 집단은 서로 돈독하며 유대감이 있다. 상대의 취미나 친구, 기호품 등에 대한 정보를 알면 그만큼 대화의 화제를 이끌어 나가기가 수월하다. 정보의 힘이 바로 여기에 있다.

대화 예시

A: *안녕하세요. 처음 뵙겠습니다. 박 과장님.*

B: *안녕하세요. 이야기 많이 들었습니다. 김 대리님.*

A: 음료수는 무엇으로 하시겠어요? 오늘 날씨가 살짝 더운데 시원한 커피 하실래요?

B: 네. 좋아요.

A: 어떤 커피가 좋으세요? 라떼 아니면 아메리카노요? 좋아하시는 것으로 가져오겠습니다.

B: 저는 라떼가 좋아요.

A: 네~ 저도 라떼를 좋아해요. 우유의 부드러움이 좋아서요. 그냥 커피는 너무 써요.

B: 저도요. 아메리카노가 인생의 쓴맛처럼 써요.

A: 커피의 쓴맛이 인생의 쓴맛이라. 재미난 표현이네요. 커피 드시면서 더 이야기 주세요. 요즘 일에서 무엇이 쓰신지요.

B: 네. 그렇게 하죠. 시원한 걸 마시면 기분도 상쾌해지니! 오늘도 열심히 회의해 볼까요?

애리조나 주립 대학교의 교수 로버트 치알디니는 '설득과 협상' 분야의 세계적인 전문가로, 사람은 호감이 있는 사람의 메시지를 더욱 설득력 있게 받아들인다고 하며, 잘 모르는 사람이라도 호감이 생기면 부탁을 들어준다고 했다. 또한 인간은 아주 사소한 공통점이라도 발견하면 호감을 느끼기 때문에 자신과 닮을 사람을 좋아한다. 바로 '유사성 효과'이다. 성격, 가정환경 등의 공통점을 발견하면 사람들은 바로 호감을 느끼며, 적대 관계에 있는 사람이더라도 친구가 된다.

또한, 사회 심리학자 무자퍼 셰리프는, 인간은 타 집단과 경쟁하지만, 협동도 하며 살아간다는 '무인도 효과'를 실험을 통해 알아냈다. 공동의 목표가 생기면 이질적인 사람과도 갈등을 조절한다는 법칙이다. 셰리프 박사는 여름 캠프 참가자들을 방울뱀 팀과 독수리 팀으로 나누어, 끊임없이 경쟁하게 만들었다. 그러자 크고 작은 마찰이 발생했고, 승리한 팀에 보상이 주어지자 갈등은 더욱 심해졌다. 그러나 음식을 사러 간 트럭이 웅덩이에 빠진 일에 두 팀은 언제 그랬냐는 듯 협력해 트럭을 빼냈다. 개인이나 조직 간에는 늘상 경쟁이 있다. 그러나 무인도에 표류했을 때는 생존이라는 공동의 목표를 향해 서로 협조하는 게 인간이다. 일상생활에서도 우리는 공동의 목표가 주어졌을 때는 경쟁을 멈추고 서로 협동한다. 즉, 상대와 거리감을 좁히고 싶다면 빠르게 서로의 공통점을 찾거나 공동의 목표를 세우자. 동류의식을 느끼게 되면 경계심을 풀 것이며 안심할 것이다.

대화 예시

A: *피부가 햇볕에 많이 탔네요? 혹시 수상 스키 타세요?*

B: *네. 저는 여름마다 수상 스키 타러 다녀요.*

A: *와~ 그러시구나. 저도 작년에 친구 따라 한강에서 수상 스키를 처음 타봤는데 재미있더라고요.*

B: *아. 그러셨구나. 어땠어요? 재미있으셨어요?*

A: *네! 속도감이 정말 대단하더라고요. 피부가 타는 게 흠이지만요.*

B: *다음에는 바다에서도 서핑도 해 보세요.*

A: *와. 그건 어디로 가면 할 수 있지요?*

B: *바다에서 하는 서핑은 강원도 양양이 유명해요. 저 올여름에도 갈 건데! 관심 있으시면 같이 가요.*

A: *정말요? 꼭 한번 해 보고 싶어요.*

B: *네. 시간 맞춰서 같이 가요!*

이렇게 공통의 관심사가 있으면 금세 친밀감을 형성할 수 있고, 대화 또한 즐겁고 만족스럽다. 그렇다면 어떻게 해야 동류의식을 느끼게 할 수 있을까?

첫째, **상대에 대해 공부한다.** 인간관계 속에서 기회만을 노리는 사람은 많고, 상대를 이해하기 위한 준비를 하는 사람은 드물다. 그럼에도 불구하고, 나와의 공통점을 찾기 위해 노력하자. 공통점을 정리해 둔 뒤 대화할 때 활용하는 것이다. 상대가 이전에 말했던 독특한 견해나 정보를 대화의 화제로 사용하는 것도 방법이다. 자신의 이야기를 기억하고 있다는 사실만으로도 신뢰감과 친근함을 느낄 것이다. 상대의 개인적 경험이나 경력을 활용한 질문도 좋다.

A: 지난번 뵈었을 때, 빠르게 변화하는 시대라 직장인도 향후 3년간의 커리어 계획을 세워 두는 게 필요하다고 하신 게 기억나네요.

B: 아, 그걸 지금도 기억하고 계세요? 감사합니다.

A: 엔지니어로 일하셨다가 창업으로 성공했다고 하셨잖아요? 엔지니어로서 리더가 되려면 어떤 문제들을 가장 먼저 극복해야 한다고 생각하세요?

B: 일도 다 사람이 하는 거라, 사람을 이끌 수 있는 방법과 노하우를 축적하는 게 정말 중요한 것 같아요.

A: 아, 정말 그렇겠네요. 참, 서울이 고향이시죠? 저도 고향이 서울 응암동입니다.

B: 고향이 서울이세요? 저도 서울에서 나서 자랐습니다.

A: 그러시구나. 언제 북촌 카페에 가서 더 이야기 나눠요.

이러한 대화는 자신을 향한 배려와 관심을 느끼게 하며, 믿을 만한 선배로 여기게 할 것이다.

둘째, **긍정 탐구의 말로 마음의 벽을 허문다.** '반대편에 서지 않기'라는 대화의 방법론이 있다. 대화할 때 늘 상대와 같은 입장에 서자. 이는 특히 자녀와의 대화에 유용하다. 한 상담사가 게임 중독 초기의 고등학교 2학년 학생을 상담하게 되었다. 학생은 이미 상담실에 들어설 때부터 부정적인 마음으로 가득해 있었다.

상담사: *엄마가 게임 때문에 걱정하시더라.*

학생: *…:*

상담사: *하루에 게임을 몇 시간 하니?*

학생: *3시간이요.*

상담사: *3시간? 뭐야. 그리 긴 시간도 아니네. 괜히 걱정했다.*

학생: *네?*

상담사: *3시간 정도면 적당한 거 아니니?*

학생: *음…:*

상담사: *그렇게 긴 시간은 아닌데. 엄마가 예민하시네. 그렇지?*

학생: *그게요…: 음, 이제 고3인데 많이 하긴 하죠.*

상담사: *그래? 게임하다 보면 3~4시간은 기본 아닌가? 게임 두 판만 해도 시간이 금방 가는데.*

학생: *그래도 엄마가 걱정하실 만 한 것 같아요.*

상담사: *그런가? 좀 줄일 생각은 있고?*

학생: *대학 가려면 공부해야 하니까 줄이긴 해야죠.*

학생은 상담사가 자신과 같은 입장에 서 있다는 생각만으로 마음을 열고, 자신의 행동을 되돌아보았다. 이처럼 반대편에 서지 않는 것만으로도 신뢰를 쌓고 스스로 문제를 해결하게 한다.

셋째, **모르는 척하는 말투의 힘을 느끼자.** 상대가 자랑하고 싶어 할 만 한 것을 머릿속에 떠올리고 모르는 척 묻는 것이다. 물론, 앞서 이야기했던 상대에 대해 공부하기가 선행되어야 한다. 또한, 이 방법은 활기 있고 유쾌한 대화를 이끌기 위한 수단이 되어 영업인들이 자주 구사하는 말투이기도 하다. 예를 들어, 한 영업인이 골프 마니아인 고객이 최근에 홀인원을 했다는 소식을 들었다. 이런 경우 영업인은 어떻게 대화를 이끌어갈까?

대화 예시

영업인: *맞다! 실장님도 골프 좋아하시죠?*

고객: *예. 좋아합니다. 안 그래도 제가 지난주에 홀인원을 했어요.*

영업인: *진짜요? 우와! 정말 축하드려요. 멋지세요. 저는 언제쯤 홀인*
원을 해 볼 수 있을까요? 제 꿈입니다.

고객: *뭐 그리 대단한 것도 아니에요. 다들 하는 걸요.*

영업인: *저는 잘 안 되던데. 정말 기분 좋으셨겠어요. 언제 홀인원 하*
신 비법 좀 알려주세요.

고객: *네, 그렇게 하시죠. 밥이라도 먹으면서 이야기 드릴게요.*

이 경우에는 아마 기분 좋게 식사를 하며 비즈니스를 이어갈 수 있을 것이다. 이렇게 영업인은 늘 고객과 유쾌하게 대화를 나눌 수 있는 기회를 놓치지 않아야 한다.

항상 주위에 사람이 끊이지 않는 사람이 있다. 이들은 보나마나 소통의 달인으로, 상대와 자신의 공통점을 잘 찾아낸다. 그리고 이를 실마리로 이야기를 부드럽게 풀어간다. 공통점은 아주 사소해도 좋다. 공통점이 있다는 것 자체로 심리적 거리가 좁혀지기 때문이다.

상대의 말을 따라 하면
생기는 마법

상대에게 호감이 있으면 무의식적으로 상대를 따라하는 모방 효과가 나타나는데, 이를 '카멜레온 효과'라고 한다. 상대의 음성 패턴, 기분, 제스처 등을 모방하는 것이다. 심리학자 타냐 차트랜드와 존 바흐는 이 카멜레온 효과를 증명하기 위해 한 가지 실험을 했다. 우선 참가자와 조교를 한 사람씩 짝을 짓게 한 뒤 특정 사진을 보며 묘사하도록 지시를 내렸다. 그리고 한 그룹에는 조교에게 참가자의 일상적 행동(발을 까딱거리거나, 얼굴을 비비는 등)을 은근슬쩍 모방하게 했고, 한 그룹에는 모방 행동을 제한하고 사진만 묘사하게만 했다. 그러고 나서 참가자에게 조교에 대한 호감도를 물었더니, 조교가 참가자의 행동을 모방한 그룹이 그렇지 않은 그룹보다 15% 높은 호감도를 보였고, 대화도 더 순조로웠다고 답했다. 즉, 인간은 상대가 나와 같은 행동을 보일 때 '대화가 잘 통한다, 우리는 비슷하다.'라는 동류의식을 느낀다.

데이비스의 '대인관계 반응 척도' 실험도 눈여겨볼 만하다. 집단별 사전·사후 공감 능력에 유의미한 차이가 있는지를 검증하는 실험으로, '때때로 나는 친구들의 입장에 서서 그들을 이해하려고 노력한다', '누군가 이용당하는 것을 보면 보호해 주고 싶어진다' 등의 문항에 체크해 점수가 높을수록 정서적 공감과 인지적 공감이 높음을 의미한다. 그리고 이런 공감 능력이 높은 사람일수록 상대에게 집중하고 상대를 많이 모방하는 것으로 나타났다. 이 실험은 모두 카멜레온 효과에 대한 깊이 있는 통찰을 제공한다.

그리고 최소한 '무엇을, 언제, 왜, 어떻게' 네 가지를 넣어 모방하는 게 좋다. 중요한 업무 내용을 정리하고 기억하는 데에 도움이 될 것이다.

대화 예시

A: *김 대리. 이번 주 고객 미팅이 내일 맞지?*

B: *네. 내일 5시에 미팅이 있습니다.*

A: *5시에 회사 로비에 있는 고객 회의실에서 만나는 거고.*

B: *네네. 5시 회사 로비에 고객 회의실입니다. 회의실 예약은 해 두었*

습니다.

A: *필요한 서류는 다 준비했나?*

B: *네. 필요한 서류인 구매 발주 서류와 사업자등록증 모두 준비했습니다.*

A: *우리와 그쪽 모두 계약 조건 확실히 체크하는 것 잊지 말고.*

B: *네. 계약 조건 꼼꼼히 체크하겠습니다.*

A: *그럼 됐네. 내일 아침에 봅시다. 퇴근 잘하고.*

B: *네. 부장님! 퇴근 잘하십시오.*

그렇다면, 구체적으로 카멜레온 효과를 제대로 보고자 할 때는 어떻게 할까? 우선, 상대의 이야기를 조금 과장해서 되묻자. 상대의 관심사에 대해 물으면 더 효과적이다. 단, 상대의 이야기를 앵무새처럼 반복하는 건 역효과가 난다. 단순히 따라 하는 말투는 차가운 인상을 주며 진심을 느낄 수 없다. "와, 그랬구나."가 아니라, "와, 그랬구나. 재미있었어?"라는 한마디를 덧붙이자.

대화 예시 1. 기계처럼 따라 하는 말투

A: *저 지난주에 제주도에 다녀왔어요.*

B: *와. 제주도에 다녀왔어요?*

A: *네. 제주도 좋아하세요?*

B: *네, 제주도 좋아해요.*

대화 예시 2. 공감하며 따라 하는 말투

A: *저 지난주에 제주도에 다녀왔어요.*

B: *제주도에 갔었어? 눈이 왔다는데 정말 예뻤겠다. 춥지는 않았어?*

A: *네, 별로 안 춥더라고요. 제주도 좋아하세요?*

B: *네, 제주도 좋아해요. 지금 눈이 와서 경치가 정말 좋았겠어요. 부럽네요.*

적절한 타이밍에 따라 하는 것도 중요하다. 단, 고의적으로 보이지 않도록 하자. 상대를 호의적으로 바라보고 마음을 열자. 저절로 상대를 따라하게 될 것이다.

상대를 행동하게
하는 말투

샌드위치를 샌드위치답게 만들어 주는 것은 빵일까, 빵 속의 내용물일까? 사실 빵 안에 내용물이 없으면 그냥 빵일 뿐이고, 내용물만 있으면 그냥 샐러드일 뿐이다. 이처럼 회사에서 상사와 부하 직원의 관계는 서로 필요한 존재이며 상보적 관계이다. 그러나 많은 상사가 부하 직원을 자기 생각대로 움직이게 하고 싶어 하며, 부하 직원이 뜻대로 움직여 주지 않으면 왜 제대로 하지 않느냐며 잔소리를 퍼붓기도 한다. 그러나 부하 직원도 스스로 움직이고, 선택해 일하고 싶어 한다. 그렇다면 부하 직원을 스스로 일하게끔 하는 방법이 따로 있을까?

작가 제임스 레드필드는 "인간은 관계에서 우위를 점하고 싶어 하며, 내 의견이 관철되면 스스로 강하다고 느낀다. 심리적으로 만족감을 느낀다."라고 이야기했다. 그러므로 상사는 인간의 본성인 '일대일

관계에서 우위에 서려는 파괴적인 욕망'을 경계해야 한다. 우쭐해지는 것은 일시적인 쾌감에 불과하다. 부하 직원을 경쟁자가 아닌 동료로 여겨야 한다. 타인을 권위로 눌러 이기려 하지 말고 공동의 이익을 추구해야 한다. 버트런드 러셀은 '공존이 아니면 부존'이라고 했다. 회사라는 같은 배를 타고 있으니 협력은 필수다.

질책과 부탁에 대한 태도로 그 사람의 인격을 알 수 있으며, 부탁에도 노하우가 있다. "미안. 바쁜 건 아는 데 부탁할 것이 있어. 자네 사정도 있겠지만 부탁 좀 할게." 이렇게 가벼운 말 한마디를 서두에 덧붙이는 것만으로도 원활하게 원하는 바를 관철시킬 수 있다. 상대의 입장을 헤아려 관점을 전환시켰기 때문이다. '내가 선배니까. 내가 윗사람이니까' 식은 곤란하다. 부하 직원을 스스로 움직이게 하는 말투를 알아보자.

첫째, **양해를 구하자.** 오해를 줄일 수 있으며, 궁금증을 유발할 수 있다.

대화 예시 1. 양해를 구하지 않은 대화

A: *박 과장, 제가 전에 이야기 한 안건은 어떻게 돼 가나요?*

B: *어떤 안건을 말씀하시는 것인지요?*

A: 지난주 ○○ 구매처 안건 말입니다.

B: 언제 이야기하셨는지. 언제였죠?

A: 지난주 화요일이었는데. 그때 오늘까지 보고를 준다고 박 과장이 나에게 직접 이야기했는데.

B: 제가요? 기억이 잘 나질 않아요. 죄송합니다. 정확히 제게 말씀 주신 것 맞으시죠? 왜 이리 기억이 안 나는지요.

A: 박 과장. 그럼 내가 지금 거짓말한다는 거야?

B: 그런 건 아니고요. 죄송합니다.

대화 예시 2. 양해를 구하는 대화

A: 박 과장, 이야기할 것이 있어요. 시간 괜찮나요? 제가 전에 이야기한 안건은 어떻게 돼 가요?

B: 어떤 안건을 말씀하시는 것인지요?

A: 지난주 ○○ 구매처 안건 안건 말입니다.

B: 언제였죠? 기억이 잘 나질 않아요. 죄송합니다.

A: 지난 화요일에 오늘까지 보고를 준다고 박 과장이 나에게 직접 이야기했는데.

B: 아. 제가 그랬군요. 요즘 일이 너무 많아서 자꾸 잊어버려요. 정말 죄송합니다.

A: 그렇군. 무리했나. 그럼 언제까지 기다리면 보고서를 볼 수 있을까?

B: *내일 오전 중으로 책임지고 보고 드리겠습니다.*

이렇게 상황을 미리 인지시켜 주면 더는 "전에 제가 말씀 드렸는데요."와 같은 말로 옥신각신하지 않아도 된다. 본론으로 들어가기 전에 양해를 구하는 것은 매너이며 일상생활에서도 필요한 말투다.

양해를 구하는 말

· 잠깐 시간 좀 내 주실 수 있나요?
· 잠시 여쭙고 싶은 것이 있습니다.
· 중요한 이야기를 하고 싶은데 자리 좀 옮길까요?
· 이번 안건에 대해 이야기를 나누고 싶습니다.

둘째, **명령을 제안으로 바꾼다.** 명령이 제안이 되면 사람은 의무감의 굴레에서 벗어나 자발적으로 움직인다. 자율성을 원하는 건 인간의 본성이다. 상대에게 질문과 권유를 통해 선택권을 부여하자. 훨씬 효율적으로 일을 협력하게 할 수 있다.

대화 예시 1. 명령의 말투

A: *이 팀장님 계십니까?*

B: *지금 자리에 안 계십니다. 조금 후에 다시 전화하세요.*

대화 예시 2. 제안의 말투

A: *이 팀장님 계십니까?*

B: *지금 자리에 안 계십니다. 8시쯤 다시 전화하시겠어요? 아니면 메모를 남겨 드릴까요?*

명령의 말투	제안의 말투
· 차 안에 휘발유 좀 넣어.	· 휘발유는 충분히 남아 있어요?
· 내일 발표 잘해.	· 내일 발표 때 무슨 이야기할 거야?
· 화분에 물 좀 줘.	· 화분에 물을 주면 좋을 것 같아요.
· 연주회 준비 꼼꼼히 해 놔.	· 연주회 준비는 잘되어 가니?

셋째, **방향성을 제시하고 싶다면 구체적으로 말하자.** 아무리 멋진 말이라도 추상적이고 공허해서는 안 된다. 예를 들어, 한 임원이 직원으로부터 "경쟁사의 충성 고객을 파고 들어갈 방법이 없습니다. 어떻게 해야 할까요?"라는 질문을 받았다. 그래서 임원은 "충성 고객일수록 더욱 적극적으로 다가가야 합니다. 고객이 영업 사원에게 '왜 당신은 저 회사처럼 하지 않느냐!'라고 윽박지르도록 해야 합니다."라고 답했다. 굉장히 구체적인 답이다. 이렇게 리더는 직원이 스스로 돌파구를 찾도록 해야 한다. 만약 임원이 "정신력이 부족한 거 아닙니까? 나 때는 그런 건 문제도 아니었습니다."라고 답했다면, 신뢰를 살 수 없을 뿐더러, 추상적이다.

넷째, **상대를 인정한다.** "당신이 최고야."라고 전하자. 우리나라의 20~40대가 가장 원하는 말은 '당신이 최고'라는 인정하는 말이라고 한다. 직장과 가정 모두에서 말이다. '인정 욕구' 또한 인간의 기본 욕구이다. 인정 욕구가 채워지지 않으면 자존감이 낮아지고 심리적으로 불안한 상태에 놓인다. 또한, 인정하는 말은 그 사람의 존재 자체에 대한 인정이어야 한다. 논리보다 감정이 우선이어야 한다. 한 영업인에게 고객 관리의 성공 비결을 물었더니 고객을 아무 조건 없이 칭찬하는 것이라고 했다. "실장님, 제가 늘 고마워하는 거 아시죠? 실장님 덕분에 제가 승진했습니다."라는 식으로 말이다.

다섯째, **독단적으로 결론을 내리지 않는다.** 독단적 결론은 구성원이 함께 찾은 방법이 아니기 때문에 많은 사람의 불만을 낳는다. 두 가지 정도의 대안을 세우고, 고르게 하자. 예를 들어, "월요일 1시 전에는 회의를 잡아 드릴 수 없습니다."라고 말하는 대신에 "월요일 3시나 4시에 시간을 잡겠습니다. 어느 쪽이 좋으신지요?"라고 묻는 것이다. 콘서트가 취소되었을 때도 "콘서트가 취소되어 고객님의 계좌로 환불 처리됩니다."라는 말보다는 "콘서트가 취소되었습니다. 환불을 해 드릴까요, 다른 콘서트 입장권 구입 대금으로 예치해 드릴까요?"로 가능성을 제시하는 말을 들었을 때 우리는 만족한다.

가끔은 이렇게까지 해야 하나 싶기도 하고, 상대에게 맞추는 게 손해를 보는 것 같은 기분이 들 수 있다. 그러나 이런 과정을 통해 당신의 언어는 견고해지고 유연해진다. 누군가가 내 곁을 떠났다면, 내 말이 너무 냉담하지는 않았는지 점검해 보라. 어쩌면 정말 사소한 말투로 사이가 틀어졌을 수 있다. 어찌 되었든 사람을 잃는 건 가장 큰 손해다.

명료하게
말한다

미국 세일즈계의 살아있는 전설 폴 마이어는 저서 《폴 마이어의 아름다운 도전》에서 상대의 주의를 끌기 위해서는 45초가 필요하다고 밝혔다. 청자는 화자의 이야기가 1분 30초가 넘어가면 길다고 느끼며, 2분 35초부터는 아예 듣지 않는다. 그러므로 대화를 유쾌하게 진행하기 위해서는 하고자 하는 말을 45초~1분 내에 정리해 이야기해야 한다.

텍사스 대학교의 교수 아트 마크먼은 신경 의학적 근거를 토대로 《스마트 싱킹》을 집필해, '3의 법칙'이라고 하여, 대화에서 핵심 메시지는 세 가지를 넘지 않을 것을 당부했다. 사람의 두뇌가 한번에 흡수할 수 있는 정보의 덩어리는 3개에 불과하며, 수십 개의 정보와 지식을 전달한다고 해도 기억에 남는 건 3개의 정보 뿐이기 때문이다. 그러므로 일할 때는 멀티태스킹을 피하고 일의 우선순위를 결정하는 게 가장 효율적이며, 주장과 근거를 제시할 때는 일목요연해야 한다고 했다.

스티브 잡스 역시 '3의 법칙'을 효과적으로 활용한 사람이다. 그의 프레젠테이션을 보면 이야기를 3개로 나눈 '3부 구조'를 취한다. 아이패드2를 선보일 때는, '더 얇고, 더 가볍고, 더 빠르다'라는 세 가지 메시지를 전했으며, 아이팟 나노를 소개할 때는 '아이팟 나노는 2호 연필보다 얇습니다. 아이팟 나노는 아이팟 오리지널보다 80% 작습니다. 아이팟 나노는 아이리버보다 68% 작고, 소니 플레이어보다 67% 작습니다'라며 '작다'라는 키워드로 승부를 걸었다. 간결함의 극치를 보여 주는 프레젠테이션이다. 이렇게 '3의 법칙'은 핵심을 체계적이고 간결하게 보여 주며, 전달력을 높인다.

그렇다면 이야기가 장황해졌음을 보이는 증거는 무엇이 있을까? 일단 상대에게서 맞장구가 없어졌다면 이야기가 길다는 말이다. 듣는 이도 처음에는 맞장구를 치며 귀 기울여 들을 것이다. 그러나 대화는 캐치볼과 같다. 자신만 볼을 오래 갖고 있는 것은 금물이다. 또한, 주절주절 말하면 미련한 인상을 준다. 모든 정보를 넣어야 안심하는 성향이라면 주의하자. 아는 것을 전부 설명하려고 하지 마라. 핵심을 정확하고 명료하게 말하는 것만으로도 충분하다. 그렇다면 어떻게 해야 간결하게 말할 수 있을까?

첫째, **결론부터 말한다.** 명쾌하고 정리된 느낌으로 대화를 시작할 수 있다. 결론부터 이야기해 버리면 왠지 맥이 빠지거나 설명이 부족할 거라 생각하는 사람이 이야기를 주저리주저리 나열하거나 횡설수설한다. 피로감을 주는 일이다. 결론을 말하고, 설명을 덧붙이는 방식이 효과적이라는 걸 염두에 두자. 그리고 결론부터 말하면 이야기에 주의를 집중시킬 수 있는 효과도 있다.

둘째, **이야기할 주제를 미리 알린다.** 영화도 스포일러가 되지 않는 선에서 미리 등장인물의 관계도를 알면 내용 파악이 쉽고, 인물의 캐릭터에 몰입할 수 있다. 공부도 마찬가지이다. 교사는 수업 전에 공부할 주제를 언급함으로써 학생에게 학습 목표를 세우게 한다. 이렇게 다룰 주제를 미리 알려 주면, 상대는 자신의 생각을 잠시나마 정리하고 들을 준비를 한다. 일목요연하게 서두에 주제를 던져서 듣는 사람의 집중력을 높이자.

주제를 언급하는 문장

· 선생님, 오늘 제 시험 점수에 관해서 상담하고 싶은데요.
· 엄마, 오늘 학교에서 있었던 일을 이야기 드리고 싶은데요.
· 팀장님, 고객 평가에 대해 드릴 말씀이 있습니다.
· 사장님, 협력사 인증에 관한 이야기인데요.
· 김 과장, 사내 행사 후 회식 자리 말인데.
· 아들, 오늘 학교에서 연락이 왔는데 말이야.

셋째, **짧은 문장으로 말한다.** 말할 때는 문장의 최소 단위를 생각

하여, 주어와 목적어, 서술어 정도로 구성해 말한다. 접속어와 미사여구를 제한하는 것도 중요하다.

넷째, **메시지를 간결하게 요약해서 말한다.** 말을 간결하게 한다는 것은 단어를 짧게 줄여 쓰라는 게 아니다. 아이스 아메리카노를 '아아' 줄이는 것처럼 줄이는 게 아니라, 메시지를 간결히 정리하는 작업을 말한다. 트위터는 한 번에 보낼 수 있는 글을 140자로 제한한다. 그래서 트위터에 글을 올리려면 핵심 내용을 집약해 말해야 한다. 대화도 이렇게 간결하게 말하는 연습이 필요하다.

들는 이는 이야기가 길어지거나 같은 이야기를 반복하면 금방 싫증을 낸다. 특히 현대인들은 시간의 가치를 돈으로 환산하여 생각하기에 남에게 시간을 빼앗기는 것은 돈을 허비하는 것과 같다고 여긴다. 상대방의 시간을 절약하면서 자기가 원하는 메시지를 제대로 전할 수 있어야 성공적인 인간관계를 만들 수 있으며, 간결한 말투가 유쾌한 대화로 이어진다.

힘 있는
목소리로 말한다

　목소리에서 힘이 느껴지는 사람이 있다. 이들은 목소리만으로 주의를 집중시키며, 톤이 안정적이고 발음이 정확하다. 하버드 대학교의 연구에 따르면 말하는 사람의 목소리만 듣고도 신체적 특성과 성격적 특징을 80% 이상 규정할 수 있다고 한다. 그리고 우리는 외모가 수려해도 목소리가 이상하면 우리는 '깬다'라는 표현을 쓸 만큼 목소리에서 많은 이미지 정보를 읽는다. 목소리에는 성별, 나이, 지역, 지적 수준 등 수많은 정보가 담겨 있다. 오랜 습관에 의해 형성된 것이기 때문이다.

　USC 비터비 공과대학에서는 컴퓨터 알고리즘을 사용해, 부부간 대화의 목소리를 분석해 5년 후를 예측하는 실험을 했다. 구체적으로는 부부들이 주고받는 대화에서 목소리의 높낮이, 떨림, 흔들림, 쉬는 길이 등의 정보를 분석한 것이다. 예측 결과, 부정적으로 평가받은 부부는 이혼율이 79%에 달했는데, 부부 관계 전문가들의 예상보다도 적중률이 높은 수치였다. 이 연구의 주최자인 나시르 박사는 "이야기는 내용만 중요한 것은 아닙니다. 그 내용을 어떻게 말하느냐가 더 중요합니다. 우리의 연구 결과가 그 사실을 증명해 줍니다."라고 말했다. 허핑턴 포스트 JP는 일반적으로 커뮤니케이션의 55%는 신체 언어, 38%는 목소리의 톤 그리고 불과 7%만이 말의 의미를 통해 전달된다고 전했다.

목소리의 톤이 상대에게 주는 영향은 크다. 높낮이 없이 일정한 톤으로 이야기하면 상대는 지루해하며, 과장된 톤으로 말하면 불편해하고, 높은 톤으로 말하면 피로해한다. 흔히 말하는 '기차 화통을 삶아 먹은 것 같은 목소리'도 상대에게 거부감을 준다. 억지로 목에 힘을 주어 발성하는 습관은 본인의 성대에도 무리를 주므로 지양해야 한다. 또한, 지나치게 낮은 톤으로 말하는 것도 문제다. 잘못된 습관으로 성대를 누르듯이 소리를 내면 전달력이 떨어진다.

이는 프레젠테이션이나 강의 등 공개 석상에서 더 두드러진다. 공개 석상에서는 긴장감까지 목소리에 표출되기 때문에 더 주의해야 한다. 그렇다면 청중을 집중하게 하는 목소리는 무엇일까? 목소리의 3요소인 '호흡, 발성, 발음' 훈련을 통한 좋은 목소리 내는 법을 알아보자. 《목소리, 누구나 바꿀 수 있다!》의 저자 우지은 아나운서에 따르면 목소리도 훈련하면 달라질 수 있다고 한다. 가장 효과적인 방법은 복식 호흡이다. 특히, 얕게 숨을 쉬는 흉식 호흡은 목소리에 좋지 않으며, 목에 과도하게 힘이 들어간 채 장시간 말하면 지치고 목에 무리가 간다. 성대 결절이 생기고 허스키한 목소리가 나온다. 복식호흡을 하면 배에만 힘을 주어 성대를 보호할 수 있고, 목소리의 크기와 상관없이 힘 있고 안정된 발음을 만들 수 있다. 복식 호흡과 함께 다음과 같이 연습하자.

첫째, **발음을 연습한다.** 가장 좋은 방법은 낭독이다. 낭독을 통해 자신의 목소리의 좋은 음색과 좋은 톤 찾을 수 있다. 신문의 칼럼 한 꼭지를 한 음절씩 또박또박 소리 내어 끊어 읽어 보고, 의미 단위별로 끊어서도 읽어 보자. 녹음하는 것도 좋다. 녹음을 하면 문제점을 바로 알아낼 수 있다.

둘째, **강조법을 사용한다.** 효과적으로 의미를 전달할 수 있을 것이다. 내 목소리와 말에 집중도를 높이고, 원활한 소통을 이룰 수 있다. 방법은 다음과 같다.

강조법 사용하기

· 목소리의 톤을 높인다.
· 한 음절 씩 천천히 또박또박 말한다.

> - 모음은 한 박자 정도 길게 해서 말한다.
> - 말과 말 사이의 전략적 쉼(포즈)을 활용한다.

셋째, **따뜻한 물을 자주 마신다.** 목을 보호하기 위함이다. 성대는 1초에 150~250회까지 진동하며, 말하는 동안 성대는 계속 건조해진다. 카페인 음료와 탄산음료, 우유와 유제품도 금물이다. 카페인 음료는 이뇨 작용으로 더 목을 마르게 하고, 탄산음료는 침을 너무 많이 생성하며, 우유와 유제품은 가래를 유발한다. 그러므로 따뜻한 물을 마시자. 목을 촉촉하게 하고 음 이탈 현상을 방지할 수 있다.

외모를 가꾸면 인생이 달라지듯이, 목소리도 마찬가지이다. 하루 10분씩 목소리의 톤을 만드는 일에 투자하자. 건강하고 자연스러운 목소리를 찾고 밝고 생기 있게 가꾸는 일은 당신의 이미지를 좋게 만들 뿐 아니라 인간관계도 원활하게 한다.

나를 신뢰해야 자신감 있는
말투가 나온다

자신감이란 말 그대로 '자신을 믿는 마음'이다. 스스로 문제를 해결할 수 있다는 자기 확신이며, 목표를 이룰 수 있다는 신념과 기대를 갖는 마음이다. 자신감이 있는 사람은 미래에 대해 긍정적이며, 목표를 이루기 위해 모험할 준비가 되어 있다. 그리고 타인과의 관계에 적극적이다. 반면, 자신감이 부족한 사람은 자신에 대한 기대치가 낮아 원하는 것을 이루는 데에 부정적이며, 인간관계에 소극적이다.

번지 점프대에서 뛰어내리기 위해서는 극한의 용기와 자신감이 필요하다. 이런 번지 점프대에서 누군가는 뛰어내려 최고의 환희를 맛보고, 누군가는 발걸음을 돌리며 한숨을 짓는다. 한 발짝 차이이다. 다이빙 종목에서 선수들의 실력과 점수를 가르는 것도 한 발짝 차이이다. 높은 점수를 얻는 선수는 훈련으로 단련된 자신감을 한 발짝에 담아 점프한다. 대화도 마찬가지이다. 사람이 겁을 내는 이유는 충분한 준비가 되어 있지 않기 때문이다. 준비 없이 문제에 맞닥뜨리면 불안하다. 대화에도 자신감을 장착하자. 상대에 대해 공부하고 화제를 준비한 사람은 대화를 두려워하지 않는다. 성공하는 사람과 그렇지 않은 사람의 차이는 결국 시도하느냐 시도하지 않느냐의 차이다. 망설이게 하는 모든 생각을 "할 수 있다, 해 보자!"로 바꾸자. 이 작은 차이가 인간관계를 결정짓고 기회를 잡게 할 것이다.

대화 예시 1. 자신감 없는 말투

상사: *어때? 잘돼 가요?*

직원: *그런대로요.*

상사: *이번 실적 최고로 올리셨네요. 잘했어요.*

직원: *그렇지 않은데요. 별 말씀을요. 전 한 게 없어요.*

상사: *아니에요. 실적 높이느라고 애썼어요.*

직원: *글쎄요, 좀 더 잘할 수 있었는데.*

대화 예시 2. 자신감 있는 말투

상사: *어때? 잘돼 가요?*

직원: *열심히 하고 있습니다.*

상사: *이번 실적 최고로 올리셨네요. 잘했어요.*

직원: *모두 팀원들이 열심히 도와주신 덕분입니다.*

상사: *애썼어요.*

직원: *감사합니다!*

이렇게 대답할 수 있는 자신감을 키우려면 어떻게 해야 할까? 첫째, **상대방의 눈을 바라보며 말한다.** 힘이 있는 사람은 눈빛이 강렬하며, 강렬한 눈빛은 의지의 투영이다. 내 의견에 따라 상대방이 결정을 내리도록 할 때는 눈을 마주치며 이야기하자. 상대방의 눈을 똑바로 바라보며 말하면 말투에도 힘이 생긴다.

둘째, **크고 밝은 목소리로 힘 있게 말하자.** 리더들의 말을 들어 보면 목소리만으로도 카리스마가 느껴진다. 크고 또렷하며 힘이 있다. 얼버무리거나 자신 없는 태도로 말하면 아무리 맞는 말이라도 의심을 받는다. 웅얼거리는 말투, 작고 아기 같은 목소리, 높낮이가 없는 단조로운 목소리, 불안정하고 갈라지는 목소리라면 반드시 개선해야 한다.

셋째, **군더더기 없이 말한다.** '죄송합니다만, 미안하지만'과 같은 말은 붙이지 말자. 자신감이 없어 보인다. 간단한 문장으로 핵심을 짚어 말해야 권위가 생긴다.

넷째, **허리를 꼿꼿이 세운다.** 사람이 차지하는 공간은 자신의 힘과 비례한다. 직위가 높을수록 큰 책상에 앉고 큰 집에 살며, 큰 차를 탄다. 허리를 꼿꼿이 세우면 내 몸이 차지하는 공간이 최대한 넓어진다. 그러므로 어디에서든지 당당하게 허리를 꼿꼿이 세우고 말하라. 상대에게 당신 말의 무게감을 줄 수 있다.

다섯째, **변명하지 않는다.** 변명은 방어하는 자의 태도이며, 자신을 약화하는 말이다. 상대에게 잘못을 이야기할 때에 구차한 변명을 하기보다, "미안합니다. 앞으로 시정하겠습니다."라고 말한다. 사건의 경위를 처음부터 장황하게 설명하기보다, 명확한 사과부터 하는 게 비겁해 보이지 않는다. 진정성 있는 사과에 변명은 필요치 않다.

여섯째, **부당함을 솔직하고 담백하게 말하라.** 상대가 나보다 윗사람이라고 한들, 내가 안 된다고 하면 그도 어쩔 수 없다. 부당한 대접을 받거나, 무턱대고 화내는 사람을 만났다면 솔직하게 표현하자. 참는 게 미덕이 아니다. 감정을 절제하여 담백하게 사실을 이야기하라. 문제가 복잡해지는 것을 미연에 방지할 수 있으며, 오히려 상대와의 관계도 지속할 수 있다.

스스로를 믿는 만큼 멋진 삶을 살 수 있다. 자신감이란 나 자신이 나를 신뢰할 때 나오는 법이다. 당당하게 미소 짓고, 어깨를 펴고 걸어라. 말을 간결하게 하라. 아니면 아니라고 솔직하고 담백하게 말하라. 나다움이 발현할 것이다.

PART

6

———

우리가 피해야 할 대화법

화를
표현하는 법

끓어오르는 분노를 좀처럼 참기 힘든 순간이 있다. 이런 순간을 참지 못하면 고함을 치고, 평정심을 잃으며 막말을 퍼붓게 된다. 그러나 분노를 표출하는 순간 필연적으로 대가를 치르게 된다는 것을 잊지 말자. 다혈질이라는 주홍글씨가 새겨질지 모르며 인간관계는 악화 일로를 걷게 될 것이다. 우리는 화를 내더라도 적대적인 관계를 만들지 않아야 한다. 그리고 우리 주변에는 분명 심한 일에도 분노하지 않는 사람이 있다. 분노를 다스릴 특별한 힘이라도 있는 걸까?

미국의 작가 샘 레벤슨은 "눈으로는 서로를 볼 수 없을지도 모르지만, 마음으로는 서로를 볼 수 있다."라고 말했다. 의견이 다르다고 해서 적이 되어야 하는 것이 아니다. 때론 옳지 않은 사람과 협상해야 할 때도 있다. 그렇다고 까다로운 사람의 불친절한 행동의 이유를 찾기 위해 내 소중한 시간과 에너지를 쓸 필요는 없다. 그저 냉정을 되찾고 나에게 이익이 될 일을 생각하라. 그리고 화내지 않고도 관계를 유지할 수 있는 대화법을 익히자.

치열하게 토론하는 이유는 하나다. 서로의 발전을 바라고 있기 때문이다. 목표까지 도달하기 위한 방법만이 다를 뿐이다. 입씨름을 해서는 발전을 도모하기 힘들다. 입씨름을 하게 된다면 분위기를 반전시켜 소모적인 말을 중단하자. 교통의 흐름을 끊고 싶을 때 교통경찰은 손을 들며, 경기 시 위반 행동을 중단시키고 싶을 때는 손을 들어 의견을 표시한다. 그들처럼 손을 들어라. 주의를 집중시키고 적대적인 분위기를 반전시킬 수 있다. 해결책에 초점을 맞출 수 있는 효율적인 대화를 나누어라. 화를 참을 수 없을 때는 다음과 같은 방법을 사용하자.

첫째, **분노의 말을 내뱉기 전에 자신에게 질문하라.** 분노 또한 인간의 희노애락 중 하나의 감정이다. 그러나 그 어떤 감정도 지속하지 않는다. 말에서 분노의 요소를 덜어내고 감정의 박자를 늦추자. 뜨거운 분노도 냉각기의 시간을 거치면 열기가 식는다. 화가 나지만 자세히 들여다보면 화가 아닌 경우도 있다. 다음과 같은 질문을 하라.

- 현재의 상황이 화를 낼 만큼 심각한가?
- 나의 말이 우리에게 미칠 영향은 무엇인가?
- 화를 내서 얻을 수 있는 게 무엇인가?
- 화가 아닌 다른 방식으로 의사를 표현할 방법은 없는가?

예를 들어, 한창 바쁘게 일하는데 엄마가 반찬을 가져가라며 자꾸 전화를 하신다. 미간이 좁혀지고 한숨이 나온다. 그러다가 분노가 솟구치기 시작한다. 이럴 땐, 3초만 시간을 내 질문하자.

질문 1. 이것은 어떤 감정인가?

대답 1. 짜증일 수도 있지만, 엄마에 대한 미안함과 고마움에 대한 죄책감일 수 있다.

질문 2. 이 감정을 통해 내가 깨닫게 되는 것은 무엇인가?

대답 2. 음식을 버리면 엄마한테 미안하고 죄책감이 든다. 이것이 나를 불편하게 한다.

질문 3. 다른 방법으로 의사를 표현할 수는 없는가?

대답 3. 엄마는 나를 걱정해서 이러시는 거다. 엄마가 상처받지 않게 잘 설명해야겠다.

둘째, **상대를 책망하기보다 내 상황을 말한다.** 나를 주어로 표현하는 것이다. 상대를 질책하는 말투는 사람을 잃게 한다. 책망하지 말고, 나의 힘든 점을 사실대로 이야기하자. 타인에 대한 평가는 금물이다.

대화 예시

> **아내:** *당신이 항상 늦으니까 신경 쓰여서 잠도 얼른 못 자. 들어와서 밥 달라고 할까 봐 식탁도 못 치우고. 그랬더니 집 안에 음식 냄새 배고. 이래저래 좀 힘들어.*
>
> 남편: *미안해. 앞으로는 미리 전화할게. 그때는 기다리지 말고 먼저 자.*

화가 나더라도, 마음을 가라앉히고, 화가 나는 이유를 차분하게 전하자. 특히 첫마디는 부드러워야 한다. 예의를 차릴수록 분위기가 부드러워진다. 그리고 화가 난 이유는 구체적이어야 한다.

셋째, **처음에 상대에게 기대한 것을 기억한다.** 간혹 진짜로 화를 내는 목적을 잃고 감정적으로 분풀이만 하게 될 때가 있다. 이렇게 하면 결과적으로 아무것도 해결하지 못한 채 기분만 상할 뿐이다. 진짜 감정을 찾아 상대에게 전하고 싶은 핵심을 말하라. 진짜 감정을 인식하는 것도 연습이 필요하다. 감정이 과열되어 있다면 자기 진정 스위치를 누르자.

언니: *왜 말도 없이 내 신발을 신고 가는 거야?*

동생: *내가 좀 신으면 어때서?*

대화 예시 2. 행동의 개선을 기대하고 말하는 경우

언니: *네가 내 신발을 말도 없이 가져가서 화가 나네? 소개팅 나갈 때 신으려고 했는데, 막상 없으니까 당황스러워.*

동생: *아, 진짜? 그랬구나. 미안해. 나 같아도 화가 났을 거야.*

언니: *앞으로는 가능하면 언니 물건을 안 썼으면 좋겠고, 쓰게 되면 이야기 좀 해 줘. 허락을 받았으면 좋겠어.*

동생: *알았어. 언니. 꼭 그렇게 할게.*

넷째, **소통의 내공을 키운다.** 감정 조절에 능한 사람은 적을 만들지 않는다. 좋은 말투를 의식적으로 익혀 결정적인 순간에 사용하라. 자신의 나쁜 감정을 해소하고, 조금 더 건설적인 방법으로 대화하는 법을 찾아라. 다음은 이지영의 《정서 조절 코칭북》에 실린 분노를 조절하는 방법이다.

분노를 조절하는 법

인지적 방법	체험적 방법	생리적 방법	행동적 방법
생각의 방식을 바꿈으로써 감정을 조절하는 법	정서를 충분히 표현함으로써 감정을 조절하는 법	신체적인 요소를 변화시킴으로써 감정을 조절하는 법	적극적인 행동으로써 감정을 조절하는 법
· 이성적으로 생각한다. · 객관적으로 이해한다. · 이득이 되는 쪽으로 생각한다.	· 불쾌한 감정을 음미한다. · 기분 좋은 상상을 한다. · 감정의 느낌을 공유한다.	· 예쁜 사진을 본다. · 차를 한잔 마신다. · 복식 호흡이나 명상을 한다.	· 산책이나 운동을 한다. · 만나서 조언을 구한다.

이렇게 우리는 화가 날 때조차, 화의 근본적인 이유를 알고 감정을 조절해 조금 더 건설적으로 대화하는 법을 찾아야 한다. 분풀이로 화를 내서 사람을 잃는 것이 아닌, 화의 이유를 알고 좋은 말투로 문제를 해결해야 한다.

상대의 단점을
지적해야 한다면

　말로 입은 상처는 쉽게 아물지 않는다. 무심코 던진 돌멩이에 개구리가 맞아 죽는 것처럼 말이다. 말한 사람은 금세 잊을지언지정 듣는 사람은 평생을 기억하기도 한다. 상사가 무의식적으로 던진 "아직도 이 모양이야?", "나이를 헛먹었군."과 같은 말에 모든 의욕을 잃거나 복수를 다짐하는 부하 직원도 있다. 그럼에도 불구하고 우리는 늘 상대의 단점을 지적해야 할 일이 생긴다. 이럴 때는 조금 더 능숙하게 안 좋은 감정을 처리하고 말로 표현하도록 하자.

　미국의 심리학자 버지니아 사티어는 "남들의 인식이 나를 정의하지 않게끔 해야 한다."라고 말한다. 이 말을 바꾸어 생각하면 나의 시각으로 타인을 정의하지 않아야 한다는 말과 같다. 상대의 단점을 지적하고 싶다는 건, 어쩌면 내가 상대에 대해 잘 알지 못해서 일 것이다. 상대의 말과 행동이라는 표면적인 면만 보고 반응하는 것이다. 상대가 이해되지 않을 때는 질문해 보자. "왜 그렇게 생각하시는지요?" 혹은 "무슨 뜻이지요?"라고 그 행동의 이유를 직접 묻는 것이다. 이는 상대를 무시하거나 비방하려는 목적이 아닌, 이해하려는 목적의 행위이다.

행동 과학 심리적으로 인간의 마음은 9단계로 이루어져 있다고 한다. 1, 2단계는 건강한 단계이고, 3, 4단계는 티가 나지 안지만 조금씩 아픔이 자리 잡는 단계이며, 5단계부터는 증상이 점점 심해지는 단계이다. 9단계는 손을 쓸 수 없을 정도로 심각한 단계이다. 5단계부터는 내면의 상처가 겉으로 드러난다. 이때는 단점을 함부로 지적해서는 안 된다. 사람은 질책을 들으면 자신을 방어하려 들며, 결국 대화는 막다른 골목으로 치달을 수밖에 없다. 한두 마디로는 해결할 수 없는 상황인 것이다.

상대에게 충고나 조언으로 단점을 말해야 할 때는, 직접 화법을 피하고 가급적 인용을 통한 간접 화법을 사용하자. 예를 들어, "나는 왜 이렇게 일을 제때에 못 끝내지?"라는 동료의 고민을 들었다면 바로 문제점을 지적하기보다 간접적으로 표현하는 것이다. 물론, 단점을 알고 있을 경우 바로 말해 주고 싶겠지만 참아야 한다. 우리가 할일은 상대의 감정을 격화시키는 게 아니라, 상대가 이성적으로 문제를 해결하도록 하는 일이다. 한마디로 당신은 상대를 도와야 한다.

A: 나는 왜 이렇게 일을 제때 못 끝내지? 스스로도 한심하게 느껴져.

B: 무슨 일이 있었던 거야?

A: 부장님께 보고드린 시간에 일을 자꾸 못 끝내서.

B: 그렇구나. 생산팀에 윤 차장님이 지난번에 그러시더라. 모든 일을 무조건 열심히 하려고만 하지 말고, 일의 우선순위를 먼저 따지라고.

A: 우선순위? 일에서 중요한 것을 먼저 따져 보라는 거야? 미처 이런 것을 생각을 해 본 적이 없네. 꼭 생각해 봐야겠다.

B: 응. 꼭 한번 생각해 봐. 도움이 될 거야.

이렇게 상대의 단점을 지적해야 할 경우에는, 권위 있는 타인의 말을 인용하는 것도 방법이다. 소설이나 드라마의 대사를 인용해도 좋다. 어찌 되었든, 상대에게 불쾌감을 주지 않으면서 하고 싶은 말을 전할 수 있다. 또한, 상대가 약속 시간에 늦었을 때 어떤 반응을 보일 것인가? 크게 다음과 같은 세 가지 반응이 나올 것이다.

· 넌 정말 약속을 안 지켜!

· 너 약속 30분이나 늦었어.

· 너한테 무슨 일 생긴 줄 알고 걱정했잖아. 괜찮니?

이를 정리하면 다음과 같다.

폭포수 형 (감정 쏟아내기)	수도꼭지 형 (참으면서 지적)	호수 형 (넓은 이해)
정신이 있니 없니?	아. 정말 당황스러워. 중요한 자료였는데. 빠져 있어!	이번 일이 안 되었으면 다음에는 더 잘하자.
정신이 나간 거야?	얼마나 마음 졸였는지 몰라.	세상에는 이해할 수 없는 게 많아.
이게 얼마나 중요한 자료인지 몰라?	너도 놀랐지? 또 이런 일이 생기면 안 돼.	괜찮아.
이거 준비하느라 고생한 사람이 몇 명인데.	다음에는 그냥 넘어갈 수 없다는 거 알고 있지?	그럴 수도 있지 뭐.
도대체 무슨 정신머리로 일하는 거니?	미팅 전에 한번 더 확인하고 서로 체크하자.	사는 게 다 그렇지 뭐.

위의 세 가지 반응 중 가장 나쁜 말투는 첫 번째 폭포수 형이다. 부정적인 감정을 거침없이 표출하는 동시에 상대를 비난하기 때문이다. 행위가 아닌 상대의 존재 자체를 부정하는 것은 관계를 악화시킬 뿐이다. 두 번째 수도꼭지 형 말투는 상대가 감정을 어느 정도 다스리고 난 뒤 사실만을 이야기하는 방식이다. 이 말투에는 상대에 대한 기대가 담겨 있다. 세 번째 호수 형 말투는 정말 말을 제대로 할 줄 아는 사람이 할 수 있는 표현이다. 이해심이 들어간 말투는 상대에게 그어떤 말보다 깊은 깨달음을 준다.

언어는 사실을 그대로 전달하는 '기능적 교류'와 감정을 전달하는

'심리적 교류'의 두 가지 기능이 있다. 인간은 감정의 동물이다. 아무리 옳은 지적이라도 방법이 잘못되어 상대에게 상처를 주면 말의 본질이 사라져 버린다. 자신감이 부족한 사람은 자기를 무시한다고 생각하며, 교만한 사람은 자기를 시험한다고 생각할 것이다. 타인에게 지나치게 높은 기준을 적용하지 말자. 다양한 사람의 감정을 제대로 다루게 되면 솔직함과 자연스러움이 깃들고, 불필요한 방어나 공격을 하지 않게 된다. 단점을 함부로 지적하는 말투를 사용해서는 안 된다.

일방적 충고를
원하는 사람은 없다

이익의 《성호사설》에는 "사람은 꾸중 듣는 것을 싫어한다. 확실히 나무랄 게 없다는 걸 알았다면 입 밖으로 내지 말라. 진심으로 요구하지 않는다면, 사람들이 무엇 때문에 자기를 해치는 일을 하려 하겠는가?"라고 말했다. 충고는 상대가 충고를 바랄 때만 해야 한다는 뜻이다. 공자도 제자에게 "친구를 진심으로 이끌어 주되, 되지 않으면 그만두어 스스로 욕을 당하는 일이 없도록 해야 한다."라고 가르쳤다. 이 또한 충고를 함부로 해서는 안 되는 것임을 일깨워 주는 구절이다.

조지아 주립 대학과 미시간 대학에서 '역류 효과'에 대해 실험한 바 있다. 역류 효과란, 사실이 아닌 것에 더 완고하게 집착하게 되는 현상을 말한다. 연구자들은 실험 참가자들에게 정치적 이슈와 관련된 일련의 가짜 뉴스를 제공한 뒤, 다시 가짜 뉴스의 오류를 설명한 정확한 뉴스를 제공했다. 그랬더니 많은 사람이 진짜 뉴스보다 가짜 뉴스를 신뢰하는 결과가 나왔다. 이는 그만큼 사람은 자신의 견해가 틀렸다는 점을 인정하지 않으며, 오히려 그릇된 신념에 더 고집스럽게 집착하는 현상을 보여 준다. 즉, 우리는 자신의 편견에 관해 생각해 볼 필요가 있다. 실제로 편견은 우리의 판단과 상대를 바라보는 시각에 영향을 끼친다. 그러므로 내 잣대로 누군가에게 불필요한 충고를 하고 있지는 않은지 살펴보자. 물론, 역류 효과를 완전히 제거하기는 불가능하다. 자신이 안다고 믿는 내용을 지지하는 정보만을 찾아 읽기 때문이다. 편견을 줄이는 방법은 독서와 공부를 통해 다양한 시각을 확보하는 것뿐이다.

또한, 인간에게는 문제 상황에서 입바른 소리로 가르치고 교정하려는 '교정 반사 작용'의 심리가 있다. 또한, 이 심리는 억누르려 할수록 더욱 저항하는 성질이 있다. 잡코리아의 조사 결과, 직장인 95.8% 가 직장 상사와 갈등이 있었다고 밝혔으며, 이로 인해 퇴사를 생각한 직장인은 92%에 달했다. 또한 충고를 하는 상사보다 나의 심정을 알아주는 상사를 신뢰했다. 대화의 목표는 상대를 변화시키는 것이 아니라, 상대의 마음을 여는 것임을 명심하자.

미국의 칼럼리스트 윌리엄 아서 워드는 "아첨해 보아라. 당신을 믿지 않게 될 것이다. 비판해 보아라. 당신을 좋아하지 않게 될 것이다.

무시해 보아라. 당신을 용서하지 않게 될 것이다. 격려해 보아라. 당신을 잊지 않게 될 것이다. 사랑해 보아라. 당신을 사랑하지 않을 수 없게 될 것이다."라고 했다. 자신의 기준으로 충고를 많이 하는 사람은 사람을 잃는다. 날카로운 지적보다 따뜻한 격려의 한마디가 필요하다. 인관관계를 잘 맺고 싶다면 상대를 성장하게 하는 격려의 말투를 사용하라.

마음이 닫혀 있는 사람은 타인의 충고를 받아들이지 않으며, 상처를 받으면 관계마저 끊어 버린다. 평범한 사람이라도 "안 된다."라는 말을 많이 들으면, '나는 안 되나 보다.'라고 생각하게 되고 행동도 멈추게 된다. 부정적인 말이 구체적인 해결법이 되지 않는 이유이다. 피터 드러커는 충고에도 순서가 있다고 했다. 충고할 때는 고쳐야 할 점부터 지적하는 게 아니라, 잘한 점을 인정하고 노력한 점을 이야기한 뒤, 공감을 표하고 충고하는 순서로 가야 한다. 칭찬의 말을 사려 깊게 꺼낸 뒤 '앞으로 어떻게 하는 게 좋겠다.'까지 밝힌다면 상대도 편안한 마음으로 납득하고 받아들인다.

또한, 다음과 같이 '왜'를 묻는 질문은 질책의 말투와 연결되고 만다. 여기에 마땅한 이유를 말하면, '지금 변명하는 거니?'로 일관하는 사람도 있다. 발전이 없는 대화이다. '왜' 대신에 '어떻게 하면'이라는 말을 사용해 미래에 대해 질문하라.

상대를 다그치는 말투	미래를 생각하게 하는 말투
· 왜 늦었어? · 왜 이거 밖에 못했어? · 왜 실수했어? · 왜 마감을 못 지켰지? · 왜 이 모양이야?	· 어떻게 하면 늦지 않을 수 있을까? · 어떻게 하면 더 해낼 수 있을까? · 어떻게 하면 실수를 줄일 수 있을까? · 어떻게 하면 마감을 지킬 수 있을까? · 어떻게 하면 좋을까?

대화 예시 1. 잘못된 충고

A: 사내에서 담배 좀 피우지 마세요.

B: 갑자기 왜 그래?

A: 담배 냄새 때문에 제가 피해를 봐요.

B: 무슨 피해를 보는데?

A: 냄새 때문에 일에 집중을 못하겠어요.

B: 그럼 다른 데 가서 일하면 되겠네.

대화 예시 2. 현명한 충고

A: 담배 피우고 오셨나 봐요.

B: 어. 회의 때 너무 스트레스를 받아서.

A: 아. 그러셨군요. 많이 힘드셨어요? 흡연 후에 탈취제를 뿌리고 오

시면 사람들이 좋아할 것 같아요.

B: 냄새 나?

A: 네. 흡연을 제가 말릴 수는 없지만 냄새를 없애고 들어오시면 좋을 것 같아요. 그러면 모두 쾌적한 환경에서 일할 수 있으니까요.

B: 아 그래? 미안해. 냄새 없애고 올게.

대화 예시 3. 잘못된 충고

A: 박 대리님. 또 다리 떠세요?

B: 아. 그랬어? 무의식중에.

A: 테이블이 떨리잖아요. 다리 떨면 복이 나간다잖아요.

B: 다리 좀 떠는 게 무슨 큰일이라고, 너무하네.

대화 예시 4. 현명한 충고

A: 박 대리님. 오늘은 다른 날보다 다리를 덜 떠는 것 같아요.

B: 어? 내가 다리를 떨어?

A: 네. 어제는 오늘보다 테이블이 더 흔들렸거든요. 무슨 일 있으신 거 아니죠?

B: 아, 그랬구나. 아무 일 없어. 조심할게.

잘못된 충고의 말투	현명한 충고의 말투
그건 안 된다고.	노력해 볼게.
그럴 리가 없어.	착오는 아닌 것 같아.
참 문제네.	이렇게 하면 좋겠다.
절대로 하지 마.	안 할수록 너에게 이익이야.

충고는 사실 애정에서 비롯한다. 그러나 이러한 마음을 잘 전달하려면 상대의 기분을 상하게 해서는 안 된다. 충고는 듣는 이가 기꺼이 받아들일 수 있을 때 의미가 있다. 충고로 인해 인간관계가 깨지면 손해다. 지혜로운 말투로 적절한 순간에, 성장을 이끌 수 있는 충고를 하라.

상대를 경멸하는 건
독이다

경멸의 마음이 생길 때가 있다. 경멸의 사전적 의미는 '깔보아 업신여김'이다. 경멸이란 단어가 갖는 느낌은 매우 강하다. 그래서인지 사람들에게 경멸의 말투를 얼마나 사용하는지를 물으면 대부분 "자주 사용하지 않는다."라고 말한다. 그러나 질문을 바꿔서 "경멸의 말투 때문에 기분 나쁜 적이 있나요?"라고 물으면 대다수의 사람들이 "그렇다."라고 답한다. 경멸의 말에 상처를 입은 사람은 많은데 그런 말을 했다는 사람은 없는 아이러니한 상황이다. 이는 우리가 경멸의 말투를 자주 사용하고 있음에도 스스로 인식조차 못한다는 것을 의미하기도 한다. 경멸의 말투는 상대를 쓸모없는 사람으로 취급하기에 잔인한 말이다. 언어폭력이다. 언어폭력을 겪은 사람은 분노의 감정을 느끼며, 정신적으로 피폐해지기도 한다. 그러므로 우리는 일상생활에서 늘 언어폭력에 대해 인지하고 개선하려는 의지를 가져야 한다.

마르틴 하이데거는 '언어는 존재의 집'이라고 했다. 말은 말을 하는 나의 존재를 규정하기도 하고 듣는 이의 존재까지도 특정한다는 뜻이다. 무심코 내뱉는 단어 하나가 듣는 이에게 극심한 스트레스를 주는 경우가 있다. 감정적 소모를 겪게 하고, 오해하게 한다. 그렇다면 어떤 경멸의 말투가 관계 악화의 원인이 되는가?

> · 넌 알지도 못하면서.
> · 넌 잘났나?
> · 넌 이거 아니면 안 돼?
> · 넌 왜 이런 것도 못해?
> · 넌 항상 그런 식이야.
> · 너 언제까지 이럴 거야?
> · 너는 한 번도 제대로 한 적이 없어.
> · 네가 그건 잘 몰라서 하는 소리야.
> · 네가 경험이 부족해서 그런 가 본데 말야.

'항상, 단 한 번도, 맨날'과 같은 표현은 듣는 이의 감정을 동요시킨다. 나에 대해서 상대가 함부로 이야기하는 인상을 받게 되어 반발심이 생겨난다. 말싸움으로 이어질 가능성이 농후하다. 그런데 이러한 극단적인 표현에서 벗어나는 말투는 간단하다. 구체적인 횟수나 시간을 제시하라. '거의, 맨날'과 같은 단어를 사용하기보다 '일주일에 한

번, 한 달에 한 번'과 같은 식의 말을 사용하라. 방 청소를 하지 않는 자녀에게 "일주일에 한 번은 네가 방 청소를 해 줘도 엄마가 편할 거야."라고 말하라. 상황과 상대에 대한 평가를 제거할 수 있다. 관찰력이 중요하다.

대화 예시 1. 경멸의 말투

A: *넌 왜 매일 늦니? 벌써 30분이나 기다렸어.*

B: *미안. 그런데 내가 언제 매일 늦었냐. 말이 너무 심하네.*

A: *아니야. 지난번 약속 때도 그랬고 오늘도 그래.*

B: *매일은 아니잖아.*

A: *항상 늦는 거 같아. 약속 좀 지켜 줘.*

B: *진짜 항상은 아니다. 기분이 나쁘네.*

대화 예시 2. 평가를 제거한 말투

A: *늦었네. 30분 기다렸어.*

B: *미안. 오는 길에 은행에 들렀어. 깜빡 잊은 일이 있어서.*

A: *그랬구나. 전화 좀 주지 그랬어. 급한 일이 있었으면 다음에 봐도 괜찮은데.*

B: *정말 미안해. 금방 끝낼 수 있는 일이었거든.*

A: *그럼 다음부터는 늦을 것 같으면 꼭 미리 전화 부탁해. 밖에서*
기다리니까 너무 추워서 말이야.

B: *추웠지? 내가 따뜻한 음료 살게. 정말 미안해. 얼른 따뜻한 곳으로*
들어가서 이야기하자.

미국의 심리학자 존 가트맨은 부부들을 대상으로, 행복하게 사는 부부와 이혼을 하게 되는 부부의 차이점을 연구했다. 그리고 결과적으로 '싸움의 방식'에서 단서를 찾아, 갈등에 대해 깊이 인식하고, 얼마나 조심스럽고 부드럽게 다루는 지에 따라 관계 유지와 이혼의 갈림길에 선다고 했다. 이혼을 초래하는 부부는 상대의 입장과 의견, 감정 등을 충분히 듣지 않는다. 상대의 말이 끝나기도 전에 자신의 입장을 밝히며, 특히 경멸적인 단어 선택은 이혼으로 가는 지름길이었다. "네 주제나 파악해!", "복에 겨운 줄 알아.", "어쭈?"와 같은 말투와 비웃음 등이 여기에 해당하며, 이런 말투를 사용하는 부부의 이혼율은 94%에 이른다.

경멸적인 단어 사용은 부부 사이에 부정적 감정을 쌓게 하고, 이혼의 결정을 하게 한다. 경멸이란 상대를 나보다 낮게 평가하는 행위이므로 조롱과 비웃음을 섞기도 한다. 결국은 깊은 상처를 남기는 일이다. 사회생활도 마찬가지이다. 경멸의 말투는 관계를 단절시킨다.

대화 예시 1. 경멸의 말투

아내: 오늘이 무슨 요일이지?

남편: 화요일.

아내: 내일이 쓰레기 버리는 날이구나. 오늘 이것 좀 미리 버려 줘.

남편: 내일 버릴게.

아내: 매번 내일, 내일! 매일 다음으로 미루니까 결국 내가 버리게
     되잖아.

남편: 내가 언제 매일 잊어버렸어? 두세 번 그랬지.

아내: 얼른 가서 버리고 와.

남편: 아, 내일 한다니까.

대화 예시 2. 평가를 제거한 말투

아내: 오늘이 무슨 요일이지?

남편: 화요일.

아내: 내일이 쓰레기 버리는 날이구나. 오늘 이것 좀 미리 버려 줘.

남편: 내일 버릴게.

아내: 지금 많이 피곤해? 오늘 버려야 베란다 청소하기가 수월한데.

남편: 내일 하면 안 돼?

아내: 내일은 내가 야근이라 힘들어서 그래.

남편: 알았어. 지금 버리고 오지 뭐.

친밀한 관계를 유지하는 부부는 다툴 다툴 때도 긍정적인 단어를 부정적인 단어보다 5배 이상 사용한다. 또한 평소에는 이보다 더 높은 긍정성을 지니고 있으며, 긍정성을 쌓기 위해 평균 5~7분의 시간을 사용한다. 돈을 모으는 것처럼 긍정성도 쌓아야 한다. 바로 '정서 통장'을 만드는 것이다. 이것을 채우는 데 시간을 들이고 노력해야 관계가 견고해진다.

인간은 모두 성장하고 더 나은 사람이 되길 바란다. 그러나 경멸의 말투로는 성장을 도모할 수 없으며, 갈등의 나락으로 빠져 논리적 사고를 어렵게 한다. 경멸의 말투 사용은 결국 이기기 위한 대화로 이어져 버리며, 이긴다고 해도 결국은 실패다. 상대를 존중하는 만큼 나도 존중받을 수 있으며, 경멸하면 그 화살이 나에게 겨누어진다는 걸 명심하라. 상대와의 관계를 잇기 위한 말투를 장착해야 한다.

허세 부리는 말투는
자존감을 떨어뜨린다

　요즘에는 '플렉스'라는 말을 많이 사용한다. '과시하다, 뽐내다'라는 뜻의 신조어로 1990년대 미국 힙합 문화에서 유래했다. 허세는 사전적으로 '실속 없이 겉으로만 드러나 보이는 기세'를 말한다. 풀어서 해석하면 '실질적 이익 없이 겉으로 드러난 모습에 치중한 태도'로 사람에 대한 부정적 평가이다.

　사람은 자신을 담백하게 있는 그대로의 모습을 보여 주는 사람을 신뢰한다. 허세를 부리는 사람도 이 사실을 모르지 않을 것이다. 그런데도 허세를 부리는 이유는 무엇일까? 허세를 부리는 사람에게는 특징이 있다. 우선, 상대가 누군가를 칭찬하면 얼굴색이 바뀌고 "그 정도는 누구나 할 수 있지."라고 깎아내리는 말을 한다. 불쾌함을 드러내기도 하며, 자신의 오래전 성공 스토리를 꺼내기도 한다. 즉, 상대가 자신에게 더 집중하기를 바라고, 내 능력을 알아주길 간절히 원한다.

심리학에서는 허세를 '자기 과시'에서 기인한다고 한다. 자신의 존재를 인정받기 위해 자신을 과장하여 드러내고, 주목받으려고 한다. 또한 방어 기제로 보상 시스템을 작용한다. 방어 기제란 불안이 발생했을 때 마음을 평정하기 위해 동원하는 방법이다. 즉, 허세를 부리는 사람의 본마음은 자신의 자아 이상을 실현하려는 욕망이다. 또한, 자아실현을 위해 노력하기보다 현실과 이상의 차이를 없애고 싶어 하는 마음이 발동한 것이다. 심리학에서는 허세를 자신의 결함이 주는 좌절감에서 벗어나려는 과정이라고 해석한다.

허세가 있는 사람은 자신의 실력을 스스로 과대평가하기 때문에, 업무를 의뢰하면 "그거 간단히 할 수 있다."며 흔쾌히 받아들인다. 그러나 실제로는 일을 제대로 진행하지 못하는 면모를 보이며, "이번 일은 나에게 맞지 않는 일이었어." 또는 "갑자기 다른 일이 생겨서 못했어."라며 변명하기를 반복한다.

프로이트는 이러한 허세는 사람이라면 누구나 가지고 있으며, 성장의 과정이라고 말했다. 허세의 뿌리는 상대적 태도에 근거하는데, 늘 타인과 비교당하는 환경에서 자라면서 겪는 위기감이 허세의 본질이라고 했다. 이들은 자신에게 환호하는 타인의 행동에서 삶의 안정감과 만족감을 느낀다. 여기에 불균형이 생기면 결핍을 느끼고, 이를 해결하기 위해 모든 에너지를 쏟는다.

상사: *지난번 구매 보고서 건은 다 되었어?*

부하 직원: *지난달부터 자료를 찾았고, 지금 작성 중입니다.*

상사: *(보고서를 보며) 이런 식으로 해선 안 돼. 내가 봐온 바로는 틀렸어. 사실은 여기에 내가 아는 ○○ 부장이 연관되어 있거든. 내가 손을 쓰고 있기는 한데 말이야.*

부하 직원: *네? 무슨 손이요? 데이터 근거로만도 충분한데요.*

상사: *세상일이 그렇지가 않아요.*

부하 직원: *아닙니다. 얼른 보고서 완성해서 오늘 중으로 보고 드리겠습니다.*

대화에서 상사는 자신이 업계에 위력이 있다는 것을 어필하려 하며, 자신의 상상을 곁들여 업계의 속사정을 추측한다. 이런 말을 곧이곧대로 들었다가는 참담한 업무 실수를 하게 될 것이다.

아는 척으로 허세를 부리는 사람도 있다. 남을 가르치려면 가르칠 내용에 대해 해박해야 한다. 그러나 아는 척하기 좋아하는 사람은 잘 모르는 것도 잘 아는 것처럼 설명한다. 골프의 폼에 대한 이론을 설명하며 "이렇게 잡으면 안 돼."라고 말하거나, 정치에 대해 잘 모르면서

"이번 선거에서는 분명히 이 당이 이길 거야."라고 단언하기도 한다. 인간관계에 전혀 도움이 되지 않는 말투다.

대화 예시

A: *저거 엄청 맛있다더라. 인스타그램에서 난리가 났던데.*

B: *난 저거 별로던데. 먹어 볼 필요 없어.*

A: *와, 벌써 먹어 봤어? 어제 출시했다던데? 어떤 점이 별로였어? 궁금하다. 나도 이제 먹어 보려고.*

B: *아… 실은 아직 안 먹어 봤어. 그런데 안 먹어 봐도 뻔하지!*

아는 척으로 허세를 부리는 사람은 자신이 거둔 한 번의 성공을 미화하거나 어설프게 들은 것을 어려운 단어를 사용해 단순히 해석해 말한다. 제리 코너와 리시어즈는 《회사형 인간》에서 업무적으로 대화할 때는 '전문용어를 피하라'라고 조언한다. 그 이유는 '문제의 핵심 범위를 벗어나지 않기 위해, 한 사람이라도 더 이해할 수 있도록, 더 쉽고 간단히 말하기 위해, 유식한 척하는 것처럼 보이지 않기 위해' 네 가지이다. 사람들과 편하게 대화하는 사람으로 기억되고 싶다면 전문 용어 사용을 피하자. 사람은 듣고 바로 이해가 되는 말을 좋아하며, 말의 의미를 쉽게 파악하고 싶어 한다.

대화는 결국 상대와의 교감을 위한 것이다. 소통이 중단되면 대화의 의미는 사라지고 만다. 단순하게 말해야 하는 이유다. 좋은 표현들은 어려운 표현의 말이 아니다. 쉽고 단순한 말이다.

허세는 자신의 꿈을 위해 노력하고 싶지 않은 사람들의 꼼수일 뿐이다. 타인에게 사랑받고 싶다면 자기 자신을 있는 그대로 드러내도 충분하다. 나의 자존감을 높이기 위한 일이기도 하다. 또한, 좋은 대화란 진실한 마음이 바탕이 되어야 한다. 진실이 아닌 말, 허풍을 떠는 말로 상대에게 실망감을 주지 말자. 또한 소문의 전파자가 되어서는 안 된다. 허세를 허공의 달리기라고 하는 이유이다. 허세의 말투는 상대와의 신뢰를 쌓을 수가 없으므로, 가장 피해야 할 말투다.